集人文社科之思　刊专业学术之声

刊　　名：中国教育发展与减贫研究
主　　编：李兴洲　白　晓　王小林
主管单位：北京师范大学继续教育与教师培训学院
主办单位：北京师范大学中国教育扶贫研究中心

(Vol.2) China Education Development and Poverty Reduction Research

联系电话：86-10-58803971
电子邮箱：786599414@qq.com
通信地址：北京市新街口外大街 19 号京师大厦 1109 房间

第2期

集刊序列号：PIJ-2018-236
中国集刊网：http://www.jikan.com.cn/
集刊投约稿平台：http://iedol.ssap.com.cn/

中国教育发展与减贫研究

李兴洲　白　晓　王小林　**主　编**

CHINA EDUCATION DEVELOPMENT
AND POVERTY REDUCTION RESEARCH
2018 Vol.2 (Issue 2)

2

2018年
（总第2期）

社会科学文献出版社
SOCIAL SCIENCES ACADEMIC PRESS (CHINA)

主　　　管　北京师范大学继续教育与教师培训学院

主　　　办　北京师范大学中国教育扶贫研究中心

总 顾 问　顾明远　资深教育家、北京师范大学教授
　　　　　　刘　坚　国务院扶贫办原主任

顾　　　问　司树杰　王文静　孙霄兵　范立双　黄勇嘉

编 辑 部　石宝华（特邀）　刘晓山（特邀）　吴富祥
　　　　　　王郑海　南　海（特邀）　曾　帆　姜明炆
　　　　　　邢贞良　唐文秀

联系电话　86 - 10 - 58803971

电子邮箱　786599414@ qq. com

通信地址　北京市新街口外大街 19 号京师大厦 1109 房间
　　　　　　邮编　100875

目　　录

● 调研报告 ●

● 典型案例 ●

《中国教育发展与减贫研究》2018 年第 2 期
第 1~6 页
© SSAP，2018

培育致富带头人
是实现乡村振兴的关键

刘晓山

【摘　　要】乡村振兴不仅是决胜全面建成小康社会的七大战略之一，还是新时代实现城乡统筹发展、推动民族复兴的重要途径。严格把好选人标准和程序关，坚持为人民服务的原则，发挥"致富带头人"在乡村振兴和脱贫攻坚过程中解决农村基层建设、产业发展、文化传承等方面的重要作用，将脱贫攻坚与乡村振兴更好地结合。

【关 键 词】致富带头人　乡村振兴　脱贫攻坚

【作者简介】刘晓山，现任国务院扶贫办全国扶贫宣传教育中心副主任，国务院扶贫办贫困村创业致富带头人工作组组长，民进中参政议政特邀研究员。

实施乡村振兴战略是习近平总书记在党的十九大报告中提出的，并将其列为决胜全面建成小康社会需要坚定实施的七大战略之一。这是新时代农业农村工作的总纲领和中心任务，也是解决"三农"问题、全面激发农村发展活力的重大行动。

一 乡村振兴是实现民族复兴的前提

习近平同志指出："我国社会主要矛盾已经转化为人民日益增长的美好生活需要和不平衡不充分的发展之间的矛盾。"乡村振兴战略的提出是新时期我国社会主要矛盾所决定的。而社会主要矛盾的变化，标志着我国建设发展迎来了新时期、新征程，给我党提出了新任务、新要求。我国有着悠久的农耕文化传统，目前仍然是以农业为基础的农业大国，解决好"三农"问题，对国家和社会生活产生至关重要的影响，而乡村振兴战略是新时代我党解决"三农"问题的总抓手。

到 2020 年全面建成小康社会，实现第一个百年奋斗目标；到 2035 年基本实现社会主义现代化；到 21 世纪中叶全面建成富强民主文明和谐美丽的社会主义现代化强国。这是我党在新时期提出的三个重要历史目标。党的十八大报告提出："坚持走中国特色新型工业化、信息化、城镇化、农业现代化道路，推动信息化和工业化深度融合、工业化和城镇化良性互动、城镇化和农业现代化相互协调，促进工业化、信息化、城镇化、农业现代化同步发展。"当前，我国农业基础还很薄弱、农村发展滞后、城乡差距较大的局面未有根本改变，农业现代化仍是同步发展的短板，也是全面建成小康社会的短板。贯彻落实"创新、协调、绿色、开放、共享"五大发展理念，实现中国梦，就要重点解决好"三农"问题，把短板补齐。

过去，中国是一个典型的农业国，中国社会是一个乡土社会，山水田园，阡陌乡村浸染在我国传统文化之中，承载着中国人千回百转的乡愁，中国文化的本质是乡土文化。乡村振兴战略既开拓中华民族复兴之路，又重塑中华传统文化之魂。

农业、农村、农民问题是关系国计民生的根本问题，必须始终把解决好"三农"问题作为全党工作的重中之重。作为国家战略，它是关系全局性、长远性、前瞻性的总布局，它是国家发展的核心和关键问题。乡村振兴，就是把乡村建设成产业兴旺、生态宜居、乡风文明、治理有效、生活富裕的社会主义现代化新农村，让农业成为有奔头的产业，让农民成为有吸引力的职业，让农村成为安居乐业的美丽家园。乡村振兴关系我国是否能从根本上解决城乡差别、乡村发展不平衡不充分的问题，也关系中国整体发展是否均衡，能否实现城乡统筹、农业一体的可持续发展的问题。没有乡村的振兴，就不可能有中华民族的伟大复兴。

二　乡村振兴应着力培育致富带头人

习近平总书记指出，乡村振兴，人才是关键。可是主观与客观因素的共同作用，会使人的能力表现出差异化。为保障乡村振兴战略的顺利实施，就要培育和造就一批懂农业、爱农村、爱农民，想干事、会干事、能干成事的"三农"工作队伍。

培育致富带头人（以下简称：带头人）是在脱贫攻坚过程中逐步探索出来的解决农村基层组织建设、产业发展、文化传承等诸多方面面临人才缺乏问题的有效方法。打好精准脱贫攻坚战是实施乡村振兴战略的优先任务，只有脱贫攻坚与乡村振兴有机结合，才能实现相互促进，实施乡村振兴必须要打好打赢脱贫攻坚战，这是前提和基础。如今脱贫攻坚到了攻坚克难的决胜阶段，要实现贫困人口的稳定脱贫，产业是抓手，而人才短缺，成为困扰这一阶段任务完成的突出问题之一。如果把贫困问题看作是贫困地区实现乡村振兴问题的主要矛盾，那么人才问题无疑是这个主要矛盾的主要方面。而一旦解决了人才问题，脱贫攻坚将会取得决定性、突破性进展。

但面临的现实是，在我国贫困地区普遍缺少懂"三农"、懂市场、懂管理且能扎根农村干事创业的适用型人才，导致很多乡村资源没有得到充分利用，还有部分村"两委"干部缺乏带领群众脱贫致富的本领，有的贫困村甚至选不出能带领群众脱贫的"两委"委员。要破解这一难题，除了引进外地优秀人才实现为贫困地区"输血"以外，更要努力挖掘本乡本土人才，打造一支永远不走的"扶贫工作队"。因此，能否有效解决好这个问题，是脱贫攻坚成败的关键，事关我党对基层组织的要求。选好用好带头人，从三年攻坚行动来看，是打赢打好脱贫攻坚战的迫切需要；从长远发展来看，是实施乡村振兴战略、破解农村人才瓶颈的关键之举；从巩固党在农村执政基础来看，是加强基层党组织建设、打造一支"永远不走的工作队"的治本之策。

三　培育带头人要把好选人标准和程序关

带头人基本条件是，爱党爱国、遵纪守法、品行端正、个人信用记录良好、具有领办村级产业项目的实力和能力、有意愿履行带动贫困人口脱贫致富社会责任的本土人才。主要从已在贫困村创业的人员中选择，包括村"两委"成员、村级后备干部、农村党员、小微企业主、农民专业合作社负责人、家庭农场主、种养业大户和农业产业化企业负责人，以及在外创办企业、务工并有意愿回村创业的本土人才和企事业单位愿意回贫困村创业的人员。

带头人的选择要按照自下而上、公开公示程序进行。基本程序是，由本人申请、村"两委"推荐、贫困村第一书记和驻村工作队长考察、乡政府审核，报县级有关部门审定后，确定为带头人。带头人培训已纳入各级扶贫培训计划，并选择东部地区或本省（市、区）具备条件的小康村，建立教学和见习基地，强化现场培训，示范观摩。国家相关部委和各级相关政府部门已经围绕培育带头人的问题出台了相关政策，既对培育带头人提出了要求，同时也给予了许多支持政策。带头人培养规模由各地根据实际情况确定，原则上力争为每个贫困村培养 3~5 名带头人。

具体而言，带头人的基本条件也可以这样理解：一是本土人才，有为民情怀，政治上可靠，具备一定的创业基础和能力；二是有创业意愿，有志在贫困村通过创业活动带领群众，尤其是带动建档立卡贫困户通过自身努力实现脱贫致富；三是积极支持参与建强基层党组织和提升乡村治理水平工作；四是适合在贫困地区发展的贫困村创业致富带头人。

四　培育带头人要坚持为民服务的原则

培育带头人的根本出发点是为人民谋利益，因此要坚持"四个原则"，即坚持带动贫困群众脱贫原则，坚持科学选择产业原则，坚持生态发展理念原则，坚持群众满意检验标准原则。围绕原则，应着重处理好"五个关系"。

第一，处理好大力支持带头人与为民谋利益的关系。我们在培育支持带头人的全过程中，始终不能忘记我们为民、为贫困群众脱贫致富的初心。要始终坚持选人标准、要始终坚持培育的正确导向、要始终坚持政策支持的扶贫目的、要始终坚持"带贫"机制、要始终遵循可持续发展规律、要科学合理设立考评验收机制，确保人民群众特别是贫困群众的利益。这是实现乡村振兴的前提和基础。

第二，处理好党委、政府支持和群众参与认可的关系。我们在培育、支持带头人的全过程中，始终不能忘记人民群众的主体地位，要牢固树立贫困群众是脱贫攻坚主体的意识。充分发挥好我党动员群众、激励群众，从群众中来到群众中去的群众路线、领导方法和工作方法的作用。要科学合理地将顺应群众的意愿和正确引导群众的意愿结合起来，要坚持相信群众的眼睛、依靠群众的力量，要坚定群众参与是前提、群众脱贫是目的，要坚信群众认可出成效，群众认可是检验我们工作成效的标准。

第三，处理好培育带头人与建强基层组织的关系。我们在培育、支持带头人的全过程中，始终不能忘记党性与人民性相统一，培育带头人就是为我们党的事业培养人才、培养骨干力量。要吸引更多的乡土人才回流农村创业，要将脱贫致富带头人培养成党员、培养成村干部、乡（镇）干部、培养成我们脱贫事业的中坚力量。要始终不忘党的基层组织的主要任务是脱贫攻坚，是坚决打赢打好脱贫攻坚战，村"两委"的主要能力就应该体现在打赢打好脱贫攻坚战的能力上。要将培育脱贫致富带头人和党的事业带头人紧密结合起来，也就是人民性和党性相统一。

第四，处理好物质扶贫与扶志扶智的关系。物质是基础，志向是追求，知识是力量。人对物质生活的需要是第一需要、基本需求，人在追求物质的过程中内因起主导作用，在有一定物质条件的基础上，会有精神追求和境界，也就是志向。扶贫先扶志，有了内生动力和精神追求，外因才能起作用，才能实现开发式扶贫和稳定脱贫。要想摆脱贫困，阻断贫困的代际传递，抓好教育培训是根本。带头人在扶贫的时候一定要将精神追求始终注入其中，既要富"钱袋"，同时也要富"脑袋"，把扶贫开发的内涵充分体现出来，把扶贫开发为民、为民族的眼光和情怀注入实际工作中。不能出现富了物质、贫了精神，富了口袋、贫了脑袋。

第五，处理好发展产业与保护生态及长远发展的关系。选择产业、发展产业一定要有五个意识：一是要有为我们的后代生产生活留下一个好基础、好环境的意识；二是站在全局视角而谋一域的意识；三是立足当前而谋长远的意识；四是瞄准高端而抓住眼前的意识；五是用好政策，尊重民意和规律的意识。

培育带头人为贫困群众谋利益是践行为人民服务的宗旨，建强基层组织的需要，是为党的事业分忧担责；培育带头人促进贫困地区经济健康发展是民族振兴、国家战略的需要，是为国富民强助力；培育带头人提升贫困地区乡村治理水平是经济社会发展规律需要，是为集聚乡村振兴新动能。总之，培育带头人是一件为人民谋幸福的事，功在当代，利在千秋！

《中国教育发展与减贫研究》2018 年第 2 期
第 7~20 页
© SSAP，2018

我国教育扶贫的理论与实践创新研究

李兴洲　　邢贞良

【摘　　要】在习近平总书记治贫先治愚、扶贫必扶智、教育是阻断贫困代际传递的治本之策等精准扶贫思想的指导下，我国教育扶贫顶层设计的核心理念逐渐由追求教育起点公平转向追求教育过程公平，实施教育精准扶贫。学前教育三年行动计划，使贫困地区适龄幼儿接受学前教育的权利得到了更好的保障；城乡义务教育一体化改革行动，不断缩小县域内城乡义务教育差距；普通高中普及攻坚计划，率先为建档立卡的家庭经济困难学生实施普通高中免除学杂费制度；现代职业教育技能富民制度，对连片特困地区农村学生实现了全覆盖；高等教育培养提升行动，为贫困家庭大学生建立起了多种方式并举的资助体系；教育扶贫结对帮扶行动，对贫困地区教育发展提供富有成效的针对性帮助和支持；乡村教师支持计划，确保乡村教师培训的针对性和实效性；春潮行动计划，为农村新成长劳动力提供各具特色的职业培训和创业培训。扶贫先扶智理论、教育精准扶贫理论、优质教育资源共享理论等，是我国教育扶贫的理论结晶；坚持机制创新和方法创新，充分体现中国特色社会主义教育的本质特征，是我国教育扶贫的经验总结。

【关 键 词】攻坚阶段　教育扶贫　创新

【作者简介】李兴洲，北京师范大学教育学部教授，博士研究生导师，研究领域为教育学原理、职业教育、终身教育；邢贞良，北京师范大学教育学部博士研究生，研究方向为职业教育原理与教学实践、教育扶贫政策。

一　习近平关于教育扶贫的重要论述是我国教育扶贫理论与实践创新的重要指导思想

党的十八以来，习近平总书记围绕"全面建成小康社会"提出了一系列新思想、新论断、新要求，对扶贫工作做出了一系列重要部署，对教育扶贫提出了明确要求，是我国当前和今后一个时期教育扶贫攻坚的重要指导思想。

（一）教育扶贫阻断贫困代际传递思想

习近平总书记历来高度重视扶贫工作，重视教育在扶贫开发中的重要作用。早在 20 世纪 80 年代，习近平总书记在福建宁德工作期间写下《摆脱贫困》一书，特别强调"越穷的地方越需要办教育，越不办教育就越穷"。2013 年 12 月，习近平总书记到河北阜平考察时专门指出："治贫先治愚，要把下一代的教育工作做好，特别是要注重山区贫困地区下一代的成长。把贫困地区孩子培养出来，这才是根本的扶贫之策。"2015 年 9 月，习近平总书记在给北京师范大学贵州教师研修班参训教师的回信中指出："扶贫必扶智，让贫困地区的孩子们接受良好教育，是扶贫开发的重要任务，也是阻断贫困代际传递的重要途径。"2015 年 11 月下旬，习近平总书记在中央扶贫开发工作会议上特别强调指出："教育是阻断贫困代际传递的治本之策。贫困地区教育事业是管长远的，必须下大力气抓好。扶贫既要富口袋，也要富脑袋。"2015 年全国"两会"期间，习近平在参加代表团审议时指出："扶贫先扶智，绝不能让贫困家庭的孩子输在起跑线上，坚决阻止贫困代际传递。"习近平总书记关于教育扶贫阻断贫困代际传递的论述，彰显着扶贫攻坚的决心和毅力。

（二）优质教育资源共享思想

习近平总书记关于优质教育资源共享的论述，是"五大"发展理念中"共享"理念在教育领域的具体化。习近平总书记指出："要让人民共享公平优质的教育。教育是人的基本权利之一，仅次于生存权。教育也是立国之本，强国之基。"① 习近平总书记在联合国"教育第一"全球倡议行动上说："中国将坚定实施科教兴国战略，始终把教育摆在优先发展的战略位置，不断扩大投入，努力发展全民教育、终身教育，建设学习型社会，努力让每个孩子享有受教育的机会，努力让 13 亿人民享有更好更公平的教育，获得发展自身、奉献社会、造福人民的能力。"2015 年，习近平总书记致国际教育信息化大会的贺信中提出："我们将通过教育信息化，逐步缩小区域、城乡数字差距，大力促进教育公平，让亿万孩子同在蓝天下共享优质教育、通过知识改变命运。"习近平总书记关于教育公平和优质教育资源共享的论述是开展教育扶贫的重要指导思想和行动指南。

（三）乡村教师发展思想

贫困地区师资队伍建设一直是习近平总书记关心的重点。2015 年习近平总书记给"国培计划（2014）"北京师范大学贵州研修班全体参训教师回信时强调："发展教育事业，广大教师责任重大、使命光荣。希望你们牢记使命、不忘初衷，扎根西部、服务学生，努力做教育改革的奋进者、教育扶贫的先行者、学生成长的引导者，为贫困地区教育事业发展、为祖国下一代健康成长继续做出自己的贡献。"2015 年习近平总书记主持召开中央全面深化改革领导小组第十一次会议，审议通过了《乡村教师支持计划（2015～2020 年）》，指出"发展乡村教育，要把乡村师资建设摆在优先发展的战略位置，多措并举，定向施策，精准发力"。习近平总书

---

① 《习近平谈"十三五"五大发展理念之五：共享发展篇》，中国共产党新闻网，http：//cpc. people. com. cn/xuexi/n/2015/1114/c385474 - 27814876. html，2017 年 8 月 23 日。

记对教育扶贫过程中乡村教师的地位、功能、作用等方面的论述，不仅表达了他对贫困地区教育事业的高度重视，同时也表达了对乡村教师的关注，为贫困地区打造一支留得下、用得住、素质优良、甘于奉献、扎根乡村的教师队伍奠定了基础。

（四）职业教育扶贫思想

2014 年 6 月，在全国职业教育工作会议上，习近平指出，职业教育是国民教育体系和人力资源开发的重要组成部分，是广大青年打开通往成才大门的重要途径，肩负着培养人才、传承技术技能、促进就业创业的重要职责，必须高度重视、加快发展；要加大对农村地区、民族地区、贫困地区职业教育支持力度，努力让每个人都有人生出彩的机会。这充分肯定了职业教育在扶贫攻坚中的重要作用，也为贫困地区办好职业教育指明了方向。

二 我国教育扶贫的理论创新与发展

（一）由追求教育起点公平转向关注教育过程公平

长期以来，在普及与提高的教育方针指导下，我国教育扶贫的首要指导思想就是在贫困地区普及义务教育，现阶段逐渐扩大为普及学前一年教育和高中阶段教育，然后在此基础之上，不断提高教育的质量和发展水平。这一指导思想反映了当时经济社会发展的客观现实，保障了贫困地区基础教育的全覆盖，为贫困人口提供了免费接受教育的机会，实现了教育的起点公平和机会均等，取得了显著的效果。党的十八大以来，随着我国经济社会的结构调整和深入改革，教育扶贫的指导思想也在随之改变，不仅要追求教育起点公平，更要关注教育过程的公平，关注对教育过程的帮扶。例如 2011 年开始施行的"农村义务教育学生营养餐改善计划"、2013 年开始施行的"农村义务教育薄弱学校改造计划"、"人才支持计划——教师专项计划"以及

"农村校长助力工程"等，更加关注贫困地区教育条件的改善，为贫困地区争取"更好"的教育资源。《教育脱贫攻坚"十三五"规划》，要求通过发展学前教育，巩固提高九年义务教育水平，加强乡村教师队伍建设，加大特殊群体支持力度，加快发展中等职业教育，广泛开展公益性职业技能培训，积极发展普通高中教育，继续实施高校招生倾斜政策，完善就学、就业资助服务体系，加强决策咨询服务等措施，切实改善贫困地区的办学状况，不断提高教育水平。这些措施改变了过去只注重经费投入和机会均等的起点公平思想，更加注重办学过程和办学质量的提升，由追求教育起点公平转向追求教育过程公正。

（二）　由粗放式教育扶贫转向精准教育扶贫

改革开放以来，党和国家长期坚持实施扶贫开发工作，使众多农村贫困人口摆脱贫困，取得了举世瞩目的伟大成就。教育扶贫也一直作为扶贫开发的重要组成部分，既扶教育之贫，也通过教育扶贫来促进经济社会发展。在教育扶贫开发的过程中，贫困地区的"学校成为最美建筑"，但是教育质量却难以提高；贫困地区依然存在严重的教育资源配置不均衡问题，贫困学生享受优质教育资源仍有较大的困难。党的十八大以来，在精准扶贫理论指导下，教育扶贫更加聚焦扶贫对象和更有针对性的教育扶贫举措。例如《教育脱贫攻坚"十三五"规划》明确将"精准"理念运用到教育扶贫当中，在扶贫对象上要以国家扶贫开发工作重点县和集中连片特困地区县及建档立卡等贫困人口为重点，进一步将教育扶贫对象聚焦到建档立卡等贫困人口，精确瞄准教育最薄弱领域和最贫困群体；在扶贫举措方面，国家在政策制定上秉承有差异性扶贫的理念，针对不同教育阶段和教育类型的贫困人口提出有针对性和实效性的精准教育扶贫措施。例如《教育脱贫攻坚"十三五"规划》对建档立卡学龄前儿童，确保都有机会接受学前教育；对建档立卡义务教育阶段适龄人口，确保都能接受公平有质量的义务教育；对建档立卡高中阶段适龄人口，确保都能接受高中阶段教育特别是中等职业教育；对建档立卡高等教育阶段适龄人口，提供更多接受高等教育的机会；对建档立卡学龄后人口，提供适应就业创业需求的职业技能培训。①

（三） 在公平基础上发展贫困地区的优质教育

"要让人民共享公平优质的教育" 是党和国家对人民的承诺，也是教育事业发展的指导思想。教育公平的观念源远流长，追求教育公平是人类社会古老的理念，同时也是多年来教育扶贫事业发展的指南。党的十八大以来，教育公平问题依然是各地在教育扶贫中的重要原则，但是随着全面建设小康社会的进程和人民对高质量教育的需求不断增强，优质教育配置和发展成为贫困地区民众在教育公平基础上更高的诉求。为此，国家启动实施了农村义务教育薄弱学校改造计划，并出台相关政策，切实解决农村地区、边缘、贫困和民族地区等经济社会发展相对滞后，教学条件差，寄宿学校宿舍、食堂等生活设施不足，村小和教学点运转比较困难等问题；各地纷纷结合当地实际出台相应政策，探索有效的实践并取得重大进展，形成了各具地方特色的实践模式。2016 年国务院出台《国务院关于统筹推进县域内城乡义务教育一体化改革发展的若干意见》，通过统筹学校布局、统筹学校建设、统筹教师队伍建设、统筹经费投入使用、统筹解决特殊群体平等接受义务教育问题、统筹完善教育治理体系，着力解决 "城镇挤、乡村弱 " 的问题，不断缩小县域内城乡义务教育差距，全面提高教育质量。2017 年教育部等四部门印发《高中阶段教育普及攻坚计划 （2017 ~ 2020 年)》，明确普通高中发展的目标、重点任务等内容，要求提高普及水平，优化结构布局，加强条件保障，提升教育质量。教育部面向连片特困地区先后启动实施了多项结对帮扶政策，把优质教育资源通过对接的方式输送到边疆和少数民族等贫困地区，以此满足人民对高质量教育资源的需求。

---

① 《教育部等六部门关于印发〈教育脱贫攻坚 "十三五" 规划〉的通知》，教育部网站，http://www. moe. gov. cn/srcsite/A03/moe_ 1892/moe_ 630/201612/t20161229_ 293351. html, 2016 年 12 月 16 日。

三　我国教育扶贫的制度安排和行动规划

党的十八大以来，在习近平总书记全新的扶贫思想和理论指导下，我国教育扶贫实践精准施策，不断创新，形成了系列的制度和行动规划，都取得了显著成效。

（一）在学龄前阶段实施学前教育三年行动计划和儿童保障政策

2011～2013 年，各地按照国务院统一部署，以县为单位编制实施学前教育三年行动计划，"入园难，入园贵"问题初步缓解。2014～2016 年实施的第二期学前教育三年行动计划，国家财政给予大力支持，财政性学前教育投入已经最大限度地向农村、边远、贫困和民族地区倾斜。同时加大了对家庭经济困难儿童、孤儿和残疾儿童接受学前教育的资助力度，中央财政已投入 700 多亿元支持贫困地区学前教育发展。2011～2016 年，全国幼儿园总数从 15 万所提高到超过 22 万所，在园儿童从 2977 万人增加到 4264 万人，学前教育的毛入园率提高到 75%。①

2014 年，国务院办公厅印发了《国家贫困地区儿童发展规划（2014～2020 年）》，为贫困地区儿童健康和教育扶贫工作提供指导。该规划由国务院等 9 个部门共同编制，将 680 个连片特困县从出生开始到义务教育阶段结束的农村儿童作为实施范围，重点围绕健康、教育两个核心领域，实现从家庭到学校、从政府到社会对儿童关爱的全覆盖，确保贫困地区的孩子生得好、长得好、学得好，编就一张保障贫困地区儿童成长的安全网，切实保障贫困地区儿童生存和发展权益，实现政府、家庭和社会对贫困地区儿童健康成长的全程关怀和全面保障，贫困地区适龄幼儿接受学前教育的权利和健康教育等保障得到落实。

---

①　柴葳：《国务院教育督导委员会办公室印发〈幼儿园办园行为督导评估办法〉力推幼儿园办园"底线标准"全覆盖》，教育部网站，http://www.moe.gov.cn/jyb_ xwfb/s5147/201705/t20170517_ 304791.html，2017 年 5 月 17 日。

（二）在义务教育阶段实施农村义务教育薄弱学校改善计划和城乡义务教育一体化改革行动

2013 年 12 月，教育部、国家发改委、财政部提出《关于全面改善贫困地区义务教育薄弱学校基本办学条件的意见》，全面实施"薄改计划"；2016 年，国务院出台《国务院关于统筹推进县域内城乡义务教育一体化改革发展的若干意见》，教育部积极统筹推进贫困地区义务教育薄弱校基本办学条件改善行动，持续推进"两免一补"（免学杂费、免教科书费、寄宿生生活补助）政策落实。截至 2015 年，中央财政安排补助资金 640 亿元，带动地方财政投入 800 多亿元，惠及 3000 多万名农村贫困学生。① 此外，农村义务教育阶段学生营养改善计划，也是教育扶贫的重要措施。教育部等 15 部门根据《国务院办公厅关于实施农村义务教育学生营养改善计划的意见》，于 2012 年印发了《农村义务教育学生营养改善计划实施细则》等五个配套文件。财政部、教育部为加强和规范专项资金管理，制定了《农村义务教育学生营养改善计划中央专项资金管理暂行办法》，国家按照每生每天 3 元（2014 年 11 月提高到 4 元）标准为片区农村义务教育阶段学生提供营养膳食补助。2017 年初，全国共有 29 个省（区、市）1590 个县实施了营养改善计划，覆盖学校 13.4 万所，受益学生总数达到 3600 万人，学生营养健康状况得到显著改善，身体素质得到明显提升。②

（三）在高中教育阶段实施普通高中普及攻坚计划

党的十八大提出要"普及高中阶段教育"，十八届五中全会再次强调"提高教育质量，推动义务教育均衡发展，普及高中阶段教育"。2017 年教

---

① 《教育部等六部门关于印发〈教育脱贫攻坚"十三五"规划〉的通知》，教育部网站，http：//www. moe. gov. cn/srcsite/A03/moe_ 1892/moe_ 630/201612/t20161229_ 293351. html，2016 年 12 月 16 日。

② 《国务院教育督导委员会办公室组织开展农村义务教育学生营养改善计划专项督导检查工作》，教育部网站，http：//www. moe. gov. cn/jyb_ xwfb/gzdt_ gzdt/s5987/201706/t20170613_ 306834. html，2017 年 6 月 13 日。

育部等四部门印发《高中阶段教育普及攻坚计划（2017～2020年)》，明确普通高中发展的目标、重点任务等内容，要求提高普及水平，优化结构布局，加强条件保障，提升教育质量，并重点面向中西部贫困地区、民族地区、边远地区、革命老区等教育基础薄弱、普及程度较低的地区，特别是集中连片特殊困难地区，家庭经济困难学生、残疾学生、进城务工人员随迁子女等特殊群体。另外，实施针对普通高中学生的资助政策，率先从建档立卡的家庭经济困难学生实施普通高中免除学杂费制度。

（四）在高等教育阶段实施高等教育培养提升行动

教育部自2012年起，组织实施面向贫困地区定向招生专项计划，在普通高校招生计划中专门安排适量招生计划，面向集中连片特殊困难地区（以下统称贫困地区）生源，实行定向招生，引导和鼓励学生毕业后回到贫困地区就业创业和服务。2013年教育部、国家发改委、财政部制定了《中西部高等教育振兴计划（2012～2020年)》，持续落实高等教育学生资助政策，振兴中西部高等教育。目前，在高等教育阶段已经建立起国家奖学金、国家励志奖学金、国家助学金、国家助学贷款、师范生免费教育、勤工助学、学费减免、"绿色通道"等多种方式并举的资助体系。确保贫困地区的学生能够接受优质高等教育。

（五）在学龄后教育阶段实施乡村教师支持计划和"春潮行动"计划

贫困地区师资队伍建设一直是制约教育发展的重要因素，国家在帮扶贫困地区师资队伍建设方面，主要通过开展包括"特岗"计划等在内的贫困地区师资支援行动以及以"国培"计划等为主线的贫困地区教师培训行动，不断优化和提升贫困地区师资队伍建设水平。2015年，国务院办公厅出台《乡村教师支持计划（2015～2020年)》，并对改革实施"国培"计划提出了明确要求，即调整"国培"计划实施范围，集中支持中西部乡村教师校长培训，下移管理重心，强化基层教师培训机构参与，确保乡村教师培训的针对性和实效性。这对于解决当前乡村教师队伍建设存在的突出问题，吸引优秀人才到乡村学校任教，稳定乡村教师队伍，带动和促进教师队伍整体水平提高，促进教育公平，推动城乡一体化建设和社会主义新农村建设，具有十分重要的意义。

"春潮行动"是为贯彻落实中央经济工作会议和中央城镇化工作会议精神，提高农村转移就业劳动者就业创业能力，根据《国家新型城镇化规划（2013～2020 年）》和《国务院关于加强职业培训促进就业的意见》，按照国务院要求开展的面向新生代农民工职业技能提升计划。"春潮行动"实施的重点是面向农村新成长的劳动力，组织实施各具特色的职业培训和创业培训，使他们成为符合经济社会发展需求的高素质劳动者。

（六）教育扶贫结对帮扶行动与职业教育富民制度

党的十八大以来，教育部面向连片特困地区先后启动实施了多项结对帮扶政策，如面向 11 个集中连片特殊困难地区的帮扶政策、专门针对新疆南疆 4 个地（州）、西藏和青海、四川、云南、甘肃四省藏区的特殊政策等，通过组织培训、派出支教教师、教师交流等措施保障边疆少数民族地区的教育提升工程。[①] 另外内地少数民族班、少数民族预科班、少数民族高层骨干人才培养，以及高校对口支援等政策都得到有效落实。

2012 年出台的《关于扩大中等职业教育免费政策范围，进一步完善国家助学金制度的意见》，进一步加强中等职业学校免费补助金的管理，确保免学费政策顺利实施。从 2012 年秋季学期起，按照每生每年 2000 元的标准对中等职业学校全日制正式学籍在校生中所有农村（含县镇）学生、城市涉农专业学生和家庭经济困难学生免除学费，并给予全日制正式学籍一、二年级在校涉农专业学生和非涉农专业家庭经济困难学生每生每年 2000 元的国家助学金资助。这一政策已对连片特困地区农村学生实现了 100% 全覆盖。[②]

---

① 《教育扶贫全覆盖有关情况》，教育部网站，http：//www. moe. gdv. cn/jyb_ xwfb/xw_ fbh/moe_ 2069/xwfbh_ 2015n/xwfb_ 20151015_ 02/151015_ sfcl02/201510/t20151014_ 213306. html，2015 年 10 月 15 日。

② 《教育扶贫全覆盖有关情况》，教育部网站，http：//www. moe. gdv. cn/jyb_ xwfb/xw_ fbh/moe_ 2069/xwfbh_ 2015n/xwfb_ 20151015_ 02/151015_ sfcl02/201510/t20151014_ 213306. html，2015 年 10 月 15 日。

四　我国教育扶贫经验启示与发展取向

党的十八大以来，党和国家始终将教育扶贫作为扶贫开发、扶贫助困的治本之策，在理论创新和实践实施方面做出了积极的探索，积累了宝贵的经验。

（一）经验启示

1. 教育扶贫必须坚持中国特色社会主义教育的本质特征

习近平总书记在党的十八大报告中指出："消除贫困、改善民生、逐步实现共同富裕，是社会主义的本质要求，是我们党的重要使命。"扶贫是直接关系我国是否走社会主义道路的根本性问题。共同富裕是中国特色社会主义的本质，是中国特色社会主义理论的重要组成部分。教育扶贫是阻断贫困代际传递、促进可持续发展的根本手段和重要途径，是治本之策。发展和改善贫困地区和贫困人口的教育事业，实现教育均衡发展和优质教育资源共享，充分体现了中国特色社会主义教育的本质特征和价值追求。

2. 教育扶贫要坚持机制创新

随着精准扶贫的不断深入，教育扶贫也必然要求从传统的救济式扶贫转向造血式扶贫，构建不同层次教育协调发展新机制。为此，我国在贫困地区推进学前教育普及化发展、义务教育全面化发展、高中教育多元化发展、高等教育深度化发展、职业教育优质化发展、继续教育终身化发展，以及特殊教育标准化发展，全方位提升贫困地区教育发展水平，为阻断贫困代际传递奠定坚实的基础。同时，优质教育资源共享也是教育扶贫的有效机制。开展跨地区战略性协作，携手打造共建共享共赢机制，将使更多的优质教育资源源源不断地输送到教育资源薄弱地区，更多的老师、学生将因此受益，教育扶贫工作进一步深化。

3. 教育精准扶贫需要方法创新

党的十八大以来，我国全面落实教育精准扶贫的基本方略，采取超常规政策举措，精准聚焦贫困地区的每一所学校、每一名教师、每一个孩子，启动实施教育扶贫全覆盖行动。一是精准识别。教育扶贫必须精准识别工作对象，真正弄清楚每个家庭中优先扶持谁，才能更快脱贫，既要把现有的贫困家庭确定出来，又要把已经脱贫的家庭退出去，把返贫的家庭纳为帮扶对象。这是精准教育扶贫的基础性工作。二是精准帮扶。依托建档立卡准确资料，对贫困家庭成员在义务教育、学历教育、职业教育及青壮年职业技能培训等方面，视其困难情况，开展针对性帮扶，助力贫困家庭中经济困难学生就学、就业、创业；同时，调动社会各方面力量，采取"一帮一""多帮一""一帮多"的方式，开展精准帮扶。三是精准资助。我国已建立起从学前教育、九年义务教育到高等教育"全覆盖，无缝衔接"的家庭经济困难学生帮扶体系，确保贫困家庭中的孩子"上得起学"。

4. 教育扶贫要强化技能培训和就业创业能力

发挥职业教育助力脱贫攻坚的重要作用，面向重点地区、重点人群开展技能培训和就业创业能力，是教育精准扶贫的重要途径。一是面向贫困地区，加快发展农村职业教育，支持中等职业学校改善基本办学条件，开发优质教学资源，提高教师素质；举办内地西藏、新疆中职班，对口支援藏区中等职业教育。二是面向重点人群完善资助政策体系，实施好对贫困地区中职学生的免学费和国家助学金补助政策，确保资助资金有效使用；开展职业教育"求学圆梦行动"；加强农民工学历继续教育与非学历培训。随着《职业教育东西协作行动计划（2016～2020 年）》的推进，西部地区职业院校与东部较发达地区职业院校之间深入开展校际合作、招生合作、劳务合作，提高了贫困地区职业教育人才培养质量和学生的就业创业能力。

5. 教育扶贫要支持乡村教师专业发展

加强乡村教师队伍建设，既是教育扶贫的重要目标，也是教育扶贫的有力支撑，通过全面提高乡村教师思想政治素质和师德水平，拓展乡村教师补充渠道，提高乡村教师生活待遇，统一城乡教职工编制标准，职称（职务）评聘向乡村学校倾斜，全面提升乡村教师能力素质，建立乡村教师荣誉制度等措施，有效解决当前乡村教师队伍建设领域存在的突出问题，吸引优秀人才到乡村学校任教，稳定乡村教师队伍，带动和促进乡村教师队伍整体水平提高，为教育扶贫奠定了坚实的基础。

（二）发展取向

1. 确立教育优先发展战略思想，增强教育扶贫的针对性和精确性

精准扶贫思想是我国当前和今后一个时期扶贫治理的指导性思想，教育精准扶贫是教育扶贫的发展取向。教育精准扶贫要全面贯彻落实教育优先发展的战略，把贫困地区的教育事业摆在优先发展的战略位置，在政策支持、行动规划、项目安排等方面给予优先考虑和机会倾斜，优先发展贫困地区的教育事业。在具体实施中，要进一步聚焦教育扶贫对象、教育扶贫项目、教育扶贫实施、教育扶贫实效，增强教育扶贫的针对性和精确性。

2. 建立健全优质教育资源共享机制，不断促进教育均衡发展

优质教育资源共享的思想是教育扶贫的重要指导思想和行动指南。习近平总书记在党的十九大报告中提出："中国特色社会主义进入新时代，我国社会主要矛盾已经转化为人民日益增长的美好生活需要和不平衡不充分的发展之间的矛盾。"在教育领域，人们对优质教育资源的需求越来越强烈，人们不仅要求"有学上"，还要"上好学"，贫困地区同样需要优质均衡的教育资源，才能进一步缩小城乡和地域教育差异化的现状，才能真正落实教育扶贫政策。面对不同教育阶段的教育发展需求，在扶贫过程中建立健全优质教育资源共享机制，促进教育均衡发展势必会成为新的发展方向。

3. 凝聚一切教育扶贫力量，共同推动贫困地区教育发展

我国的教育扶贫是由国家自上而下开展的教育帮扶行动，国家和各级政府发挥了主导作用，是教育扶贫的主力。另外，贫困群众是教育扶贫的内生动力，要引导贫困地区处理好国家支持、社会帮扶和自身努力的关系，引导贫困群众发扬自力更生、艰苦奋斗、勤劳致富精神，不断增强贫困地区造血功能和贫困群众自我发展能力。强化贫困群众、集体在教育扶贫中的主体地位，充分调动贫困群众的积极性和创造性，激发贫困群众主动脱贫、积极脱贫意识，靠辛勤劳动改变贫困落后面貌。同时，社会力量是教育扶贫的重要部分，进一步落实社会力量投参与教育脱贫的激励政策，鼓励高校、科研院所、公益性社团、企业、国际组织等参与教育扶贫工作，进一步完善社会力量参与教育扶贫的制度和机制建设。

4. 利用现代信息技术力量，促进贫困地区教育跨越式发展

教育扶贫需要大力发展网络教育和网络技术，充分利用教育技术，在贫困人口数据库建设、优质教育资源共享等方面发挥作用，提供技术支撑。加大贫困地区信息化基础设施建设投入力度，提高贫困地区教育信息化水平，加快实现"三通两平台"建设；运用"互联网＋"思维，推进"专递课堂""名师课堂""名校网络课堂"建设与应用，促进贫困地区共享优质教育资源，全面提升办学质量；积极推动线上线下学习相结合，努力办好贫困地区远程教育。

《中国教育发展与减贫研究》2018 年第 2 期
第 21～36 页
© SSAP，2018

民生改善视域下少数民族地区
基础教育发展的质量困境与出路[*]

满忠坤

【摘　　要】进入新时代，少数民族地区各项办学条件有了质的改善，基础教育发展质量获得大幅提升。但是，经济社会整体发展水平相对落后的民生境况，依旧是制约少数民族地区基础教育发展质量全面持续提升的社会历史文化根源，人民群众对"上好学"的优质教育诉求依然强烈。教育发展与民生改善具有内在的依存关系，体现为教育民生功能的发挥和民生水平对教育发展的制约两个方面。少数民族地区基础教育发展质量的提升，应充分关注少数民族群众基于改善民生的教育诉求，正确处理教育发展与民生改善之间的现实矛盾，实现教育发展与民生改善的互促共赢。

【关 键 词】少数民族地区　基础教育　精准扶贫　民生改善

【作者简介】满忠坤，教育学博士，聊城大学教育科学学院讲师，研究方向为教育基本理论和农村教育。

教育是国计，也是民生。学校教育作为现代教育的主要形态，已成为个

---

* 本文系山东省"十三五"教育科学规划 2016～2017 年度专项课题"基于政府服务创新的欠发达地区学师资源配置研究"的阶段性成果。

体社会化和人类文化传承的主要途径和手段，无疑也是改善民生的重要对象。基础教育是实现个体终身发展的基石，"少有所学"因此成为改善民生的重要目标和实现途径，也是人民群众关注的民生热点和焦点问题。具体到民族地区，伴随各项帮扶、倾斜性政策的大力推行，无论是教育经费不足、办学条件落后，还是城乡、区域、校际差距，均有大幅改善。但是，基础教育发展质量的提升，依然是制约民族地区民生全面持续改善的重要方面。

一 民族地区基础教育发展中的现实困境

教育发展与民生改善具有内在的依存关系，少数民族地区整体相对落后的民生境况和传统文化与学校教育之间的特殊矛盾，依旧是制约少数民族地区基础教育质量提升的瓶颈。进入新时代，少数民族地区基础教育发展质量的提升还面临诸多现实难题，提高教育发展质量，实现教育发展与民生改善的互促共赢，成为少数民族地区基础教育优质均衡发展的时代性攻坚目标。

（一）"撤点并校"导致新的上学难问题

教育资源整合关系人民群众的切身利益，同时其本身还是民生工程的重要组成部分。现实中，少数民族地区在"撤点并校"的推进过程中，不征求群众意见和建议、不考虑群众实际需求盲目撤并的问题依然存在。据当地学校老师反映，虽然政策上有"一村一幼"和一乡（镇）建设一个标准中心小学的规定和发展规划，但落实成效并不理想。由于学校过于集中，村寨里有的小孩上下学要走 9~10 公里的现象也是很常见的。根据全国教育事业发展统计公报，2016 年全国共有义务教育阶段学校 22.98 万所，比 2015 年减少 1.32 万所；2017 年我国义务教育阶段学校共有 21.89 万所，比上年减少 1.09 万所。调研发现，很多少数民族地区的撤点并校民众是不满意的，当地政府和教育主管部门则多以"国家的要求""上面的政策"等理由强制推行。结果管理或许是方便了，可乡村的学校气息却被消灭了，孩子上学路途遥远、交通隐患增加、家庭教育成本增加、辍学率反弹，以及集中后学校的大班额、低龄寄宿制等问题十分突出，这些都是"撤点并校"的"后遗症"。

事实上，我国中小学辍学率的变化，与我国学校布局调整政策的转变具有高度关联性。自20世纪80年代以来，我国大规模"普九"所取得的重大成功主要缘于我国基础教育办学网点的下移，真正实现了满足农村儿童、偏远山区儿童依法享有的"就近入学"的权利。自90年代以后，我国新一轮的义务教育阶段撤点并校大规模开展，地方政府、教育主管部门基于节约财政投入的出发点，推行大规模集中办学的政策，使许多偏远农村、山区学龄儿童依法享有的"就近入学"权利难以保障，有时甚至会导致少数民族地区基础阶段辍学率的二次反弹。研究表明，大规模的"撤点并校"虽然提升了教育投入和教育资源的使用效率，但农村教育"集中化"却将相应的社会代价转嫁到了个别家庭及其子女身上，学生的就学距离和就学成本随之增加，导致很多地区出现了新一轮辍学。[①]

（二）区域内基础教育发展差距依旧显著

办好公平优质的教育，是我国社会主义教育长期以来的奋斗目标。2010年教育部印发的《关于贯彻落实科学发展观进一步推进义务教育均衡发展的意见》提出，到2020年实现区域内义务教育基本均衡。2017年政府工作报告提出，"办好公平优质的教育""发展人民满意的教育"。现实中，除整体教育发展水平普遍较低之外，少数民族地区区域内教育发展差距同样显著。无论是各项软硬件资源配置，还是基础课程设置，区域内教育发展水平均存在较大差距，制约着少数民族地区基础教育公平优质发展目标的实现。

1. 校际间课程开设存有差距

村小和教学点师资、办学条件有限，除常规的语文和数学"主课"外，很少也无力再开设其他课程；至于音、体、美等"副科"，则多由"主课"教师兼任；只有中心校开设英语课程，成为当地小学阶段长期以来存在的

---

① 刘航：《柳海民. 教育精准扶贫：时代循迹、对象确认与主要对策》，《中国教育学刊》2018年第4期。

"不成问题的问题"。村小教师普遍反映工作量大，且要上多门课程，每周24～28 节课；中心校教师课时相对较少，每周仅有 15～16 节课，且每个教师一般只上一门课，即使所谓的"副科"一般也有相对固定的教师单独执教。如某校长反映："我们没有开设英语课，因为难度大。如果把音、体、美作为主科来开展更没有师资和条件，老百姓也不认可。老百姓很实际，只根据孩子的考试成绩判定老师和学校好坏。"

2. 办学基础条件差距显著

乡（镇）中心校各项办学基础设施均优于周边村小、教学点；城关小学又优于乡（镇）中心校，是少数民族地区基础教育非均衡发展的事实。城关小学和中心校依靠特殊的行政和政策优势，成为各种优质教育资源、教育优惠政策的最直接受益者，因此成为当地基础教育的"招牌"和"门面"。少数民族地区城乡义务教育学校办学条件的现实差距，无须抽象精致的理论论证，通过田野调研的质性访谈和直观体验，便可自然得出。现实的差距便是：一边是塑胶操场、配备现代化多媒体设备和冷暖空调的城区学校，另一边是操场尘土飞扬、既无空调也无暖气、课程都无法开齐的乡村学校。调研的某村寨教学点，所谓的固定资产便是仅有的两间教室、十多张广东人捐赠的课桌椅、一个食堂、半个篮球场大小的"操场"和一个没有篮筐的篮球架，至于多媒体、图书资料、仪器设备及其他文体器材，则一无所有。与之形成鲜明对比的城关一小，有悠久的办学历史，是全国文明单位、州级示范性小学，师资队伍强大、教室宽敞明亮，配有多媒体设备、图书资料室、绘画室、琴房等音、体、美、设施。走进这所小学，丝毫没有偏远、贫穷、西部的感觉。城关学校、乡（镇）中心校与村小学、教学点的差距足够令人心酸，是我们调研的切实感触。诚然，数据虽然直观且有说服力，但这种自下而上"在场"的田野质性的研究结论同样深刻、真实、有效和必须，使单纯的数字、理论描述这一差距显得抽象和单薄。

3. 优质师资不均衡问题突出

国务院发展研究中心"中国民生调查"课题组的调研数据显示，与教育领域人民日益增长的美好生活需要相比，当前教育事业发展不平衡不充分的问题仍然较为突出，还不能完全适应经济社会发展和人民群众的新要求新期盼。教师资源配置不合理，结构性矛盾突出，农村地区、边远贫困地区、少数民族地区教师依然紧缺，严重影响城乡义务教育均衡发展。[①]

从教师学历结构来看，当地教师虽然基本达到国家规定的学历要求，但第一学历达标率普遍较低，而且教师达标学历多为第二学历。"第二学历达标、满足最低学历达标要求"，是少数民族地区教师学历达标的普遍情况。由于学校多年没有毕业生进入，所谓的教师流动也仅限于校际的调任，造成教师年龄普遍偏大、学历偏低。不但音、体、美没有专业教师，开设英语课的中心校也没有专业教师，只是参加过县里或其他在职培训的"二把刀"。特别是民族语言文字特色鲜明的地区，双语教师缺乏导致学生"听不懂、学不会、不愿学"，这是制约教育质量提升的最大瓶颈。在康定藏区，许多学生入学前从未接触过汉语，课下也几乎用本地藏语方言交流（藏语有卫藏、康巴、安多三种方言）。语言障碍诱发的厌学情绪、学习压力，是民族地区义务教育阶段学业质量不良、隐性辍学、辍学的最直接原因。农村学校生活条件相对艰苦，各地农村教师倾斜补充计划虽然部分改善了教师需求，但对优秀教师的吸引力依旧不足。在招聘时，农村教师岗位因首次报名达不到开考比例要求被迫核减计划，部分县（市、区）不得不进行二次招聘，有时依旧无法足额完成招聘计划。另外，乡（镇）和城关学校还以招考的名义将乡村优秀教师"挖走"，导致师资本就匮乏的乡村学校雪上加霜，加剧了城乡师资队伍建设的非均衡问题。

概言之，与村寨学校和教学点相比，中心校的各项软硬件资源均优于周边各村小及教学点；城关小学又优于下面乡（镇）的中心校，这一梯度差异是当地教育发展的客观事实。中心校因其特殊的地理位置和政策优势，往往成为各种优质教育资源、教育优惠政策的最直接受益者。在这一

---

① 国务院发展研究中心"中国民生调查"课题组：《落实优先发展，提高保障和改善教育民生水平》，《发展研究》2018年第7期。

过程中，中心校和城关小学逐渐积累起优越乃至富足的教育资源优势，如生源优势、师资优势、资金优势等，加剧了镇域内基础教育的非均衡发展。

（三）学校中的留守儿童问题日益突出

教育不单单是学校的事情、教师的责任，优质的家庭教育同样是教育成功的坚实后盾。然而，对广大民族地区而言，留守儿童问题无疑成为制约当地学校教育质量提升的短板。民族地区的辍学问题、留守儿童问题和民生问题互为表里、相互叠加，使得留守儿童问题、民生问题的解决更为棘手。因此，单单依靠教育、教师，并不能解决一切农村教育问题。留守儿童问题本身既是教育问题又是民生问题。民族成员脱贫致富的现实需要，迫使年轻的父母抛家舍业、远走他乡，使得民族地区的义务教育质量问题更为突出、紧迫。

民政部发布的最新数据显示，截至 2018 年 8 月底，全国共有农村留守儿童 697 万人。从性别比例看，54.5% 是男孩，45.5% 是女孩，留守男童多于留守女童；从留守儿童的年龄结构和就学情况看，0 ~ 5 周岁的农村留守儿童占总数的 21.7%，6 ~ 13 周岁的占 67.4%，14 ~ 16 周岁的占 10.9%，13 周岁及以下儿童占比达到 89.1%；从入学情况看，未入园的占 7.1%，幼儿园在读的占 18.4%，小学在读的占 51.9%，初中在读的占 19.5%，高中及中职等占 3.1%，其中义务教育阶段农村留守儿童占 71.4%。与 2016 年数据相比，0 ~ 5 岁入学前留守儿童占比从 33.1% 下降至 25.5%，义务教育阶段农村留守儿童比例从 65.3% 上升至 71.4%。[①]

笔者通过对少数民族地区的调查，无论是普通教师，还是学校领导以及地方官员，一致认为"留守儿童"是造成当地教育质量低下的主要原因。

留守儿童现象对当地教育发展的不良影响是系统而全面的。"学业无

---

① 韩家慧：《民政部：全国现有农村留守儿童 697 万人，两年下降 22.7%》，新华网，http：//xinhuanet. com/politics/2018 - 10/30/c - 1123634905. htm，2018 年 10 月 30 日。

望"与"外界诱惑"是许多民族地区学生共同的遭遇，是义务教育阶段厌学、辍学、失学问题突出的内在机制与深层机理，制约着民族地区教育质量的提升。此外，各种形式的辍学、失学、弃学学生又多系"留守儿童"，由于缺乏必要的家庭教育，他们很容易受到各种社会不良风气的影响，成为游荡于村寨和乡（镇）新"流民"阶层的主要来源。"目前乡村'家庭'这个社会底层的生活单元和生命栖息地几近'功能丧失'，面临的问题之严重似乎积重难返，它预示着农民家庭的特别困境。"① 这些"留守儿童"既不是学校老师眼中的"好学生"，也不是寨子里老人眼中的"好孩子"，而是老师眼中的"差生"，老人眼中的"坏孩子"。无论在传统文化中，还是现代教育中，他们均被视为"叛逆的一代"。逃离学校和游走在学校内外的辍学、失学少年，成为民族地区社会不稳定因素的隐患，应是教育理论与实践共同关注的紧迫问题。

（四）"新读书无用论"的兴起

调查中，每当与村民谈及教育、读书、上学等话题，"读出去""走出去""到城市生活""吃公家饭"是他们提及最多的词汇。读书上大学意味着"穿皮孩（鞋）""抱笔杆子"，读不出来就只能继续"穿草孩（鞋）""修地球"，是农村家长送子女读书最质朴的价值逻辑与现实境遇。但是，"我们这里教育不行，小孩连普通话都讲不来，很难考得起大学；再说，现在大学毕业也不好找工作，山里娃娃真正走出去很难"，又使少数民族地区的子弟这一向上流动的渠道日益"缩窄"。对广大农家子弟而言，在享有"免费教育"后，能够"有幸"升入高中，继而考入大学，尤其是挤进"名校"的机会更是渺茫；而身边又有一些因"有幸"考入大学而遭遇"因学致贫"的反面例子，他们发现，"书读多了并不总是好事""读书并不总能改变命运"，享有免费教育与改善民生的现实需要发生了矛盾。于是，免费教育并不总是无偿的。一方面义务教育具有免费性，以无偿供给的方式公平

---

① 沙莲香：《中国民族性（三）：民族性三十年变迁》，中国人民大学出版社，2012，第53页。

地为所有适龄儿童提供公共教育资源。另一方面义务教育（特别是初中教育）又具有一定的"付费性"，只是这种"付费"以受教育者放弃从事收益性劳动的获益改为变相支付方式。关注免费义务教育获取的"有偿性"，有助于我们更好地理解为什么义务教育免费后，并未实现"所有未成年人（预期、潜在的受益者）都能无困难、无障碍地接受义务教育"。因为，当"免费读书"不再是一件"有利可图"的事情，甚至成为一种"教育徭役"时，"有质量的教育"也就无从谈起。

因此，进入初中阶段，辍学问题逐步凸显出来，"控辍保学"的难度越来越大。原因主要有三个，一是升学无望的学生更加看清了自己今后的归宿，外出打工或回家务农。既然升学无望，不如提早辍学。二是随着年龄的增长，他们的独立意识和叛逆心理逐渐增强，家长和教师的劝说不再是他们留在学校的理由，他们更容易冲破家长和学校的规劝逃学、辍学。三是社会各种不良风气的影响和辍学同学的"榜样示范"作用，也是他们辍学的重要原因。调研中，许多老教师都感叹"现在的学生不如以前好教好管，老师越来越难当了"，关键是"老师也不像以前那样在村寨受人尊敬了"，从前"学高为师、身正为范"的荣耀感逐渐淡去。

农村父母之所以甘愿借债也要把子女送入学校，因为他们坚信"教育可以改变命运"，也是他们认为这是能够改变命运的唯一可能。调研中，沿途及村寨到处可见"今天的辍学生就是明天的贫困户""文盲去打工，不好找工作""知识改变命运，学习成就明天""学好普通话，走遍全中国；学好外国语，走遍全世界"之类的宣传励志标语。然而，对绝大多数山区少数民族儿童而言，这样的标语虽鼓舞人心、催人奋进，但无疑又是陌生和遥远的。现实中，上学读书的结果多是"升学无望，就业无门""种地不如老子，养猪不如嫂子"，普通群众不再相信教育，其对教育的信念慢慢发生改变，开始有意无意地选择放弃、逃离免费的学校教育，辍学、失学、逃学也就难以避免，却也是他们被迫而无奈的选择。毋庸置疑，一旦人们对教育失去信心，新的教育危机也就出现了，"读书无用论"开始在民族村落蔓延开来，人们对教育的价值产生了怀疑乃至否定。

（五）乡村教师流失问题依然严峻

国家对少数民族地区不断加大教育投入，基础教育在硬件配置上已不是主要问题，教师流失问题是制约当地基础教育均衡发展和质量提升的共同难题。由于种种原因，有些教师一旦有机会便"跳槽"选择去更好的学校任教。近些年，国家实行的招考政策，给了农村教师"向上"发展的机会，于是许多教师通过招考离开乡村学校，到镇上、县里去任教。同时，也存在镇上或县上的学校以招考的名义将优秀教师"挖走"的情况。这些学校通常会开出一些优厚的条件，加上镇上和县里的交通、生源质量等方面的条件都比乡村好，如此，那些优质的教师资源便流失了。"人往高处走，水往低处流"，优秀教师离开乡村去更好的学校任教是可以理解的，然而对一个乡村学校而言，培养一名优秀教师何其容易？如此一来，本来师资就匮乏的乡村学校就变得更"差"了，这在一定程度上加剧了城乡教育的不均衡发展。从专业结构上来看，农村教师几乎全是语文、数学老师，没有音乐、体育、美术老师。如果说音乐、体育和美术可以由其他教师兼任，那么英语课就没有人能胜任，因为当前下边学校的教师年龄偏大，还有相当一部分是"民转公"，基本没有学过英语，而学过英语的年轻教师又不愿意来到寨子里教书，这就造成农村地区学校英语课程教学的真空。

教师择优进城的流动制度，加剧了乡村教师的流失，造成村小和教学点办学质量的恶性循环。目前，虽然教师工资乡村与县城的差别不是很大，但是由于乡村居住条件较差，购物、医疗、交通不便等因素，很多年轻老师尤其是外地过来的学历较高的年轻老师在学校根本就待不住，很多新教师工作不到一年就辞职不干了，有些新教师甚至还没有报道就已经走了。一些学校为了提高升学率和教学质量，常年从各地的学校挖老师，并提供优厚的待遇。县级学校为解决教师流失问题，再从下一级的乡村学校里选拔教师，这种做法进一步加剧了农村教师流失的问题。

二　制约少数民族地区基础教育发展质量提升的原因分析

少数民族地区基础教育发展的质量问题具有复杂性，不应就学校研究学校、就教育研究教育，而应着眼于学校赖以存在的整个社会文化系统。"基础教育领域的精准扶贫是实现我国整体教育结果公平、消除人力资本短板的重要途径，是最直接、最有效也是最根本的精准扶贫。"①因此，分析民族地区基础教育发展的质量困境，应关注教育发展与民生改善的依存关系，而不应脱离社会文化的发展，抽象地、孤立地就教育问题谈教育问题。

（一）教育扶贫的民生改善功能有待深化

治贫先治愚，扶贫先扶智。教育在扶贫开发中起着基础性、先导性和关键性作用。我国政府在实施精准扶贫、精准脱贫基本方略和开展脱贫攻坚以来，始终把教育扶贫作为一项重要的扶贫方式和脱贫路径方式，是有效阻断贫困代际传递的精准扶贫方式。2015 年，中共中央、国务院出台的《关于打赢脱贫攻坚战的决定》明确要求："要着力加强教育脱贫，加快实施教育扶贫工程，让贫困家庭子女都能接受公平有质量的教育，阻断贫困代际传递。"一些少数民族群众由于不太重视教育，少数民族贫困学生多，学生失学辍学现象较为严重。由于长期无法接受好的教育，贫困地区群众的科学文化素质普遍不高，对劳动就业的态度、意愿以及能力带来很大的负面影响。②少数民族地区民生状况的改善不仅有赖于经济、政策的帮扶，更需要提升民生改善主体的"民生力"，包括积极创造民生资源和消极规避民生风险的双重机制和具体内容。长期以来，"城市取向""升学取向""精英取向"的教育制度设计和行动选择，大批少数民族学生难逃"学业失败""升学无望"的遭遇。对这部分学生而言，既然升学无望，学校里传授的知识

---

① 檀慧玲等：《关于利用质量监测促进基础教育精准扶贫的思考》，《教育研究》2018 年第 1 期。
② 查志远、檀学文：《教育扶贫的基层实践创新——海南省及琼中县教育精准扶贫调查》，《中国农业大学学报（社会科学版）》2018 年第 5 期。

在农村又鲜有用武之地，他们对"免费教育"有用性的怀疑、否定态度终难发生质的改变。教育精准扶贫的根本在于通过教育让贫困人口脱贫，阻断贫困的代际传递，这也是教育民生功能的本质所在。因此，教育既是扶贫的重要直接对象，更是脱贫的重要手段和实现途径。

（二）民族传统文化因素的制约普遍存在

对广大民族地区而言，民族传统文化中的语言文字、传统习俗、文化心理是制约少数民族地区义务教育质量提升的特殊文化因素。在少数民族聚居区，学生入学前大都生活在以民族语言为母语的环境中，汉语水平十分有限。以民族语言为母语的少数民族学生，在接受学校教育的过程中，不可避免地会遇到各种语言障碍，这就为少数民族地区的课程进度、师资配置、质量评价等提出了特殊要求。由语言障碍导致的"听不懂、学不会、不愿学，是诱发学生厌学、失学、辍学的重要原因。民族传统文化和文化心理对教育的制约更为深刻。

（三）少数民族地区各项教育积累的长期薄弱

少数民族地区的教育问题不应缩略为狭义的文化问题，同样表现在阶段性、历史性等方面。少数民族地区的许多教育问题，是不可"绕行"的。少数民族地区义务教育发展中质量问题，均与地区相对薄弱的"教育积累"具有直接或间接的联系。广义的教育积累包括社会（地区或区域）教育积累和家庭教育积累，以社会教育积累和家庭教育积累为具体的存在方式，并以"教育资本"的形式制约着受教育者的教育观念、教育选择、教育结果。由于少数民族成员文化水平相对较低，加之生活经历的制约，许多家长对教育的重要性缺乏认识，表现为各种形式"读书无用论"的流行。相对落后的教育积累与当地落后的生产力发展水平互为表里，制约着少数民族群众教育需求的提升和教育观念的转变。因此，在文化再生产理论的创始人皮埃尔·布尔迪厄看来，排除遗传因素的差异之外，受教育者在进入学校接受教育之前并非"站在同一起跑线上"，他们都或多或少地拥有各自的文化资本

（来源于家庭的、社区的），而拥有文化资本的多寡则预示着他们将来在教育成就上的不同。

（四）基础教育有效衔接不畅的现实制约

教育作为一项系统工程，基础教育各阶段、各类型教育（如家庭教育、学校教育、社会教育、传统教育与现代教育）的有效衔接是提升义务教育质量的必要保障。调研中，老师普遍抱怨学生越来越难教。初中老师抱怨小学毕业生基础太差、难管难教；小学教师埋怨家长不重视教育，既不能培养子女良好的学习行为习惯，又未担负起监督、辅导子女学习的应有责任。学生基础差、教育效果低、教学吃力，是民族地区教师共同的感触，基础教育衔接不畅是其重要原因。一是家庭教育和学校教育衔接不畅。留守儿童现象在少数民族地区广泛存在，传统核心家庭维系的教育环境被肢解，是学生学业及行为表现不良的原因之一。特别是低龄寄宿生，由于过早离开父母、离开家庭、离开熟悉村落文化，缺乏父母家人的感情和亲情教育，在学习、思想、言行、生活等诸多方面存有隐患，厌学、辍学成为常见现象。二是学前教育与小学教育衔接不畅。少数民族地区教育问题的症结不应缩略为经济贫困，民族传统文化与现代学校教育之间的差异是其特殊的集中表现。在少数民族聚居地区，以语言文字为核心的传统民族文化与现代学校文化存在较大差异。必要的学前教育不但能为少数民族儿童顺利接受小学教育打下语言基础，更能弥补留守儿童早期家庭教育的缺失；既能给留守儿童情感的温暖，又可使学龄儿童养成良好的生活学习习惯，为接受小学教育奠定良好的基础。少数民族儿童由于没有接受过学前教育，缺乏汉语基础导致的听不懂、学不会，使他们面临诸多学习困难，丧失学习兴趣和积极性，继而厌学、辍学，成为客观存在的现象。

三　改善少数民族地区教育民生状况的几点建议

少数民族地区基础教育发展质量的提升，不应仅仅把视野局限在学校系统内部，更要放眼于学校教育赖以存在的整个社会文化系统及时代变迁的"场域"中。加大教育投入，着力改善少数民族地区的各项办学条件毋庸置疑，但教育能改善人民群众民生境况的民生功能不容忽视。[①] 学校教育不过是特定文化主体价值或意义确立、认同、传承的特殊过程，尊重人的社会存在和人在实践中的主体性和文化规约性，以此作为理解"教育价值"和"教育质量"的客观依据，是提升少数民族地区基础教育发展质量应遵循的基本方法论原则。

（一）关注少数民族群众民生改善取向的教育诉求

主体的教育需要直接影响其对教育的价值认同及行为选择。教育对民生改善的意义，核心在于提升民生改善主体综合素质，发挥民生主体改善民生的主体性和能动性。学校教育供给不同程度地忽视了民族成员的现实需要，是制约义务教育质量提升的深层机制。诚然，民族群众"上学与不上学没有多大区别""教育无用论"等认识虽具有片面性、短视性，但在一定程度上反映了老百姓真实的教育价值观。改善民生既是教育的应有功能，也是基础教育质量提升的基础性保障。少数民族地区的民生改善有赖于教育普及成效的提升，义务教育质量的提升同样需要以民生的进一步改善为基础。民生改善不仅为少数民族成员接受教育提供了充裕的社会、家庭物质保障，也会激发群众新的教育需要，并逐步体认到学校教育的"有用性"，认同接受教育乃是改善生活的必要条件，继而为教育发展提供必要的观念保障和可及的对象。现实中，当上学读书与人民群众改善民生的迫切需要相矛盾时，各种形式的辍学、失学、学业不良等问题也无法从根本上杜绝。读书上学的价值和意义在普通百姓看来，就是要通过教育改变命运，过一种更体面、更有尊严的生活。倘若教育不能满足他们的这一需要，当他们看不到读书上学的"好处"时，学校教育即使"免费"甚至"补贴"，也无法保证少数民族群众对学校教育价值的认同。

---

① 张晓燕、孙振东：《论教育的民生功能》，《教育发展研究》2014年第5期。

（二）深化教育扶贫在民生改善中的先导作用

少数民族地区教育发展与民生改善具有内在的依存关系。忽视教育发展与民生改善的依存关系，是民族地区诸多教育问题凸显的症结。虽然文化没有先进落后之分，但人的观念有先进落后之别。治穷必须先治愚，只有人们观念发生转变，社会才能真正进步，人们的生活才能得到改善。而人们转变观念是一个渐进的过程，教育作为开启心智、转变观念有效途径，在促进少数民族地区社会发展和民生改善方面应该发挥更大的作用。教育作为个体发展和社会进步的智力支持和动力保障，也是增强群众民生改善主体性和能动性的重要途径。教育精准扶贫是一种针对贫困人口人力资本增值、思想观念塑造、生产技能提升的综合性教育治贫活动，旨在最大限度地发挥教育的先导作用，全面提升贫困群体的人口素质和社会生产力水平，是教育固有功能在扶贫领域的延伸与拓展。[1] 通过教育提高人的整体素养，实现人的全面发展，才有可能拥有更加美好的生活能力和生活方式，这也是教育精准扶贫的内涵和实现方式。因此，确立民生改善教育优先发展的理念，对改善实现少数民族地区民生改善的跨越式发展和各民族的共同繁荣具有重要的意义。

教育是改变落后的生产力状况和贫乏的精神世界的最好选择，在精准扶贫中具有先导性作用。通过教育转变落后观念，促进人民生活的改善，实现社会的发展是教育民生功能的具体体现，也是落实教育精准扶贫的根本所在。少数民族地区民生的进一步改善，离不开少数民族群众综合素质提升和主体性的发挥，教育发挥着不可替代的先导性、全局性、基础性作用。当前，少数民族地区的教育发展同样应重视民族群众的民生诉求和教育需要，从少数民族地区社会文化的历史传统和经济社会发展的实际出发，把促进民族平等和民生改善作为教育改革与发展的重要使命。教育与经济之间的辩证关系，为我们理解教育与经济之间的相互关系提供了方法论基础；而人力资本、劳动力再生产的关系等相关理论揭示了受教育程度与收入之间的作用机

---

① 段从宇、伊继东：《教育精准扶贫的内涵、要素及实现路径》，《教育与经济》2018 年第 5 期。

制，更明确了教育对劳动者个体收入的影响是肯定存在的。因而，通过教育的改革来促进居民收入的增加和生活质量的提高是可行的，也是可持续的、有效的，更是必需的。

（三）全面推少数进民族地区的早期双语教育

在少数民族地区基础教育阶段实施双语教育，具有现实的必要性和紧迫性。少数民族地区的调研和既有研究表明，语言障碍是义务教育质量低下和各种失学、辍学问题的重要原因。值得注意的是，区分双语教育的不同目的取向及实践策略，是双语教育有效实施的前提。依据双语教育实施的目的，少数民族地区现行的双语教育可分为以传承少数民族语言为主要目的的双语教育和以提高学生汉语水平为主要目的的双语教育。现实中，由于过分注重双语教育的文化传承功能，在实施双语教育中过于强调"语言是民族文化的重要载体，是民族认同的基础，承担着保存传统文化价值的使命"①。事实上，历史上各民族对本民族语言的取舍是个长期的、自然选择的过程，缘于普通民众眼里的实际利益驱动。从我国双语教育政策执行的历史实践来看，民族地区的双语教育主要着眼点不在于把语言作为民族认同标记的"精神价值和意识形态价值"，而是关注"语言作为交际工具的实用价值和效率"②。同样，今天在我国某些欠发达少数民族地区推行双语教育，不应简单地与民族认同画等号。语言民族主义轻视语言的交际功能，往往是少数社会精英而非普通民众在极力"挽救逐渐式微的方言"，其结果"便意味着将以旧社会的传统来对抗现代化所带来的变故"③。因此，在民族地区推行双语教育，必须兼顾语言的教育需求和文化功能，实现民族双语教育与现代教育的有机结合。

---

① 万明刚：《论我国少数民族双语教育——从政策法规体系建构到教育教学模式变革》，《教育研究》2012 年第 8 期。
② 陈平：《语言民族主义：欧洲与中国》，《外语教学与研究》2008 年第 1 期。
③ 〔英〕埃里克·霍布斯鲍姆：《民族与民族主义》，李金梅译，上海人民出版社，2006，第 114～115 页。

（四） 优先普及少数民族地区的学前教育

学前教育是学校基础教育的起始阶段，学前教育公平是基础教育公平的起点和保障。为切实保障适龄儿童，特别是弱势群体儿童平等享有优质基础教育的权利，世界许多国家和地区的政府把积极推行免费学前教育政策作为重要抓手，着力推进学前教育普及。加强学前教育与义务教育的有效衔接，大力发展学前教育，是弥补少数民族地区家庭教育缺失、民族文化差异等制约基础教育发展质量的诸多现实问题的最有效手段。优质有效的学前教育，不仅为少数民族留守儿童顺利进入学校打下良好的语言、习惯基础，更可以弥补家庭教育缺失造成的各种不良影响。良好的学前教育，不仅可以为少数民族儿童营造良好的早期生活环境，也为今后学校教育成功打下了基础。值得注意的是，发展学前教育应避免学前教育学校化、知识化的误区，应使学前教育真正成为儿童成长的乐园。笔者建议，在进一步办好义务教育的同时，逐步向下延长少数民族地区普及教育的年限，这是少数民族地区教育优先发展的战略方向和迫切需要。具体而言，可以考虑优先推进少数民族地区学前教育的普及，为少数民族地区的儿童提供必要的早期教育补偿。当然，优先推进少数民族地区的学前教育普及，并不意味着一定要把学前教育纳入现行义务教育的体制。

总之，教育必须关照教育对象两个方面的需要，一是生存的需要，二是自我实现的需要。教育还必须从两个现实条件出发，一是教育发展的社会条件，二是教育发展的人性基础。办教育离不开其依赖的社会条件，谈教育不能无视教育的社会制约性和人的发展的制约性。所以，教育的本质可以说是"沟通个人本能和社会生活的一种工具"[①]。教育问题从来不单单是学校的问题，也不单单是教师的问题，更不单单是钱的问题。只有明确什么是"好的教育"，才能真正把教育办好；只有关注什么是人民群众所理解、所期望的"人民满意的教育"，人民对教育才会真正满意。教育实践需要教育理论的指引，理论脱离实践也是需要警惕的误区。

---

① 单中惠、王凤玉：《杜威在华教育讲演》，教育科学出版社，2014，第 218 页。

《中国教育发展与减贫研究》2018 年第 2 期

第 37~61 页

© SSAP, 2018

农村小规模学校临时
或短期师资缺口问题研究[*]

——基于政府购买教育服务的视角

孙来勤　张永秋

【摘　　要】公私事假、病假、孕产假或其他不可抗因素，均可导致农村小规模学校出现临时或短期师资缺口，但现行师资补充政策难以及时填补学校工作日内的临时或短期师资空缺。其他师资跨年级（学科）替课、复式教学或使用代课教师等举措，既增加了有关教师的工作负担，又难以保障教育质量，其背后是农村小规模学校师资补充的各种政策性困境。应该基于农村小规模学校的特性，在不无序扩张教师编制和盘活现有编制内外师资的基础上，反思临时替代师资对于维持农村小规模学校正常运营的重要性，检讨完全清退代课教师政策的偏差，多措并举，解决农村小规模学校临时或短期师资缺口。同时，通过政府购买教育服务的模式，建构农村小规模学校临时或短期师资补充的长效机制，确保农村受教育处境不利学生的基本教育权益。

【关 键 词】农村小规模学校　临时或短期师资缺口　政府购买教育服务

---

* 本文系山东省教育科学"十三五"规划 2016~2017 年度专项重点课题"基于政府购买服务的农村小规模学校短期和临时师资缺口问题研究"（项目批准号：BZF2017003）的阶段性成果。

【作者简介】孙来勤，教育学博士、博士后，潍坊学院教师教育学院副教授，研究方向为农村教师队伍建设；张永秋，教育学硕士，潍坊学院图书馆馆员，研究方向为农村教师队伍建设。

农村小规模学校是适应农村适龄生源人数较少的客观现状，在乡（镇）政府驻地以外村落设置，在校生数量少于 100 人的学校，村级完全小学和教学点是其主要形式。近年来，随着我国经济社会和文化教育事业的持续发展，农村学校标准化建设和薄弱学校改造取得了可喜的成就。在农村学校布局调整过程中，大量农村适龄生源已经进入城镇较大规模的小学就读。但是，受诸多现实困境的制约，有相当比例的农村适龄生源依旧就近在农村小规模学校接受教育。受"学校规模等于教育效益"办学理念的影响，我国农村地区曾一度大量撤并了小规模学校，甚至在很多教育行政管理者那里依旧存在"小规模学校是学校教育的落后形态"等错误认知。需要特别指出的是，农村社会和农村人口的长期客观存在，是农村小规模学校长期客观存在的现实基础。因此，农村小规模学校不是随农村经济社会发展和我国城镇化进程必将消失的落后教育形态，其长期客观存在满足的是农村 20% 没有能力进城镇上学的受教育处境最不利人群就近接受义务教育的法定权利。[1]

一 农村小规模学校发展变化及师资队伍建设现状

（一）农村小规模学校数量变化状况及未来发展趋势

截至 2017 年底，全国有农村小规模学校 10.7 万所，其中小学 2.7 万所，教学点 8 万个，占农村小学和教学点总数的 44.4%；在校生有 384.7 万

---

[1] 杨东平：《建设小而优、小而美的农村小规模学校》，《人民教育》2016 年第 2 期，第 36 ~ 38 页。

人，占农村小学生总数的 5.8%。[1] 其中有小学教学点 93035 所集中分布在老少边穷传统贫困地区、集中连片贫困地区和不少人口大省的财政困难县（区），甚至在山东、广东等东部经济大省脱贫任务较重的县或财政困难县，也存在有大量农村教学点。[2] 东北师范大学中国农村教育发展研究院的调查显示，2015 年全国共有不足 100 人的小规模学校 126751 所，占全国小学和教学点总数的 44.7%，其中农村小规模学校有 111420 所，占农村小学和教学点总数的 55.7%，占全国小规模学校总数的 87.9%。另外，全国还有无人校点 9667 个，不足 10 人的农村校点仍多达 3.39 万个。教育部统计数据同时显示，截至 2015 年，全国村级完全小学和教学点小学生数量为 29658985 人，其中 13836634 人为留守儿童。据中国农村教育发展研究院预测，农村教学点的数量呈现不断稳步增加的趋势，农村小学五成以上为小规模学校，在未来的一段时间内，农村小规模学校仍是农村教育组织形式的常态。[3]

（二）农村小规模学校师资队伍素质构成及工作现状

目前，农村小规模学校教师在学历构成、年龄结构、工作压力和收入待遇等方面，均与城镇学校和农村地区其他较大规模学校有着较大差距。东北师范大学中国农村教育发展研究院的调查发现，农村小规模学校教师的第一学历以高中毕业为主，拥有高中及以下学历的教师在小规模学校中占 55.6%，而非农村小规模学校教师的第一学历为高中毕业者占 37.0%，前者高出后者 18.6 个百分点。同时，农村小规模学校教师队伍的年龄结构不合理，教师队伍年龄结构老化现象依旧严重。另外，农村小规模学校教师学科结构性短缺的现象依旧存在，英语、计算机、音乐、体育和美术等学科的

---

[1]　教育部：《全面加强两类学校建设，推动城乡义务教育一体化发展》，教育部网站，http://www.moe.gov.cn/jyb_xwfb/s271/201805/t20180511_335607.html，2018 年 5 月 11 日。

[2]　《小学校数、教学点数及班数》，教育部发展规划司网站，http://www.moe.gov.cn/s78/A03/moe_560/jytjsj_2015/2015_gd/201610/t20161014_284829.html。

[3]　邬志辉、秦玉友：《中国农村教育发展报告 2016》，北京师范大学出版社，2017，第 35~40 页。

师资短缺严重。上述因素导致农村小规模学校教师包班教学、跨学科和跨年级兼课的情况极其严重，农村小规模学校教师工作压力巨大，每周上课节数远超其他学校。以教学点教师为例，平均每位教师每周上课 19.86 节，远超城市小学教师每周 13.7 节的人均上课数。① 更为严重的是，由于农村小规模学校教师工资待遇收入相对低下、工作环境偏远闭塞落后、专业发展机会和资源稀缺、难以就近享受我国经济社会高速发展带来的生活便利，导致农村小规模学校很难吸引外来优秀年轻师资，而本地优秀师资又在不断向农村较大规模学校和城镇学校流动，甚至流出农村教师队伍。华中师范大学 2014 年的一项调查显示：在所有接受调查 330 所农村小规模学校中，有超过 50% 的校长反映近年来教师流失情况严重，其中主要是农村骨干教师和 35 岁以下的优秀青年教师。②

(三) 农村小规模学校师资队伍建设现状与突出问题

2013 年，教育部、国家发改委和财政部下发《关于全面改善贫困地区义务教育薄弱学校基本办学条件的意见》，从基本办学条件保障、学校生活设施完善、必要的教学点保留办好、农村小规模学校信息化建设推进等方面，提出了农村小规模学校改薄的具体指导意见。当前，农村小规模学校的硬件设施"改薄"任务基本完成，但外来教师难以长期留任、本地教师不断流出的现象依旧存在，教师总量超编与结构性缺编现象并存，英语、计算机、音乐、体育和美术等学科实质缺编所导致学校运营困难问题依旧十分突出。同时，现行师资编制标准忽视了农村小规模学校教育服务辐射半径大、适龄生源相对不足、成班率低的特点，尽管实施了城乡统一的师资编制标准，但农村小规模学校教师的招考补充工作，依旧以学年度为时间单位，每学年开展一次。为此，各级政府和各级教育行政管理机构为应对农村小规模学校师资缺编问题，采取免费师范生政策、特岗教师计划、"县管校聘"人事制度改革、城镇

---

① 周兆海、邬志辉：《工作量视角下义务教育教师编制标准研究——以农村小规模学校为例》，《中国教育学刊》2014 年第 9 期，第 1~6 页。

② 李刚：《农村小规模学校的精准扶贫研究》，《中国教育学刊》2019 年第 9 期，第 55~59 页。

教师轮岗支教、师范类大学生顶岗实习支教等举措，为农村小规模学校均衡补充了大量师资。就中长期师资补充而言，以上常规年度配置补充措施和专项调配补充措施，极大地改善了农村小规模学校教师队伍的年龄结构、学历构成和学科结构，为农村小规模学校师资队伍建设注入了新生力量，但在上述政策举措实施过程中，却同时遭遇了免费师范生到农村任教比例低、特岗教师期满留任率低、城镇教师农村学校轮岗交流被异化为惩罚机制、顶岗实习支教管理混乱且流于形式等现实问题。同时，以上政策举措从设计之初就忽视了农村小规模学校正常工作日内的短期和临时师资缺口问题。为填补各种因素或各种不可抗力因素导致的临时或短期师资缺口，目前很多地方的农村小规模学校依旧以"概念替换"的形式，大量使用"临时代课人员"，而当地的教育行政主管机构也默认了"新生临时代课人员"的存在。

总之，现行农村小规模学校师资补充举措以学年为时间单位，且基于固定生师比，受不能按照班师比和学科需要设岗的局限，目前农村小规模学校依旧主要采用教师包班授课的方式维持学校的日常运行，但当各种形式的公私事假、病假、孕产假和生育假或各种不可抗力因素所导致的临时或短期师资空缺出现时，因为没有常态临时替代师资力量，农村小规模学校往往运营困难。另外，因城乡差距的客观存在，大量农村优秀师资向城镇流动或流失，农村小学教师整体素养也远远落后于城镇教师，导致农村学校的学生直接成为受教育处境最不利人群。当农村小规模学校工作日内因为各种可预期和非可抗力因素导致的短期和临时师资缺口出现时，如何保障短期和临时师资缺口出现时农村小规模学校学生的受教育权益，亟须引起社会各界的高度重视。

二　农村小规模学校临时或短期师资缺口的概念界定及产生原因

（一）核心概念界定

目前，我国对事业单位编制内工作人员的请假制度没有统一规定，主要由各省、自治区、直辖市根据各地实际情况或惯例，自行规定。参照《山东省机关事业单位请假制度》、《内蒙古自治区关于机关和全额拨款事业单位工作人员病事假工资待遇的通知》《中华人民共和国劳动法》《中华人民共和国人口与计划生育条例》《山东省人口与计划生育条例（修正案）》等法律法规的相关规定，结合农村小规模学校师资配置实际与学校内部管理实际，本文对农村小规模学校临时师资缺口和短期师资缺口做以下概念界定。

1. 临时师资缺口

临时师资缺口主要是指因婚假、陪护假、临时事假、轻微疾病、短期公务活动或其他不可抗力因素（包括自然灾害或极端天气，如台风、地震、洪水、冰雹等；不可预期的突发事故或人身伤害，如车祸、火灾等；特定政府行为，如公民临时征招、人身临时扣留；社会异常事件或群体性事件，如集会、权利权益表达或追索活动等），而出现的 15 个工作日以内的师资缺口。

2. 短期师资缺口

短期师资缺口主要是指因孕产假、重大疾病、在职进修、因公借调或其他不可抗力因素而出现的 15 个工作日至 1 个学期的师资缺口。

（二）农村小规模学校临时或短期师资缺口的基本类型及产生原因

当前，农村小规模学校临时或短期师资缺口主要表现为临时或短期事假型、老年病和职业病假型、孕产假和育儿假型三类，具体表现和形成原因如下。

1. 临时或短期事假型师资空缺，急需填补

适龄生源增加、义务教育普及或年限扩展、小班化教学推行所造成的中、长期师资短缺，可以通过扩大师范教育规模和增加师资编制，较为科学合理地加以解决。但是，如何填补多种因素导致的临时或短期公、私事假型师资缺口，是一个世界性难题。目前，主要发达国家或地区通过代课教师队伍建设，较好地解决了这一难题。但是，我国在实施"代课教师清退政策"后，并没有同步培育临时替代师资队伍，当教师因为私务请假（如个人或家庭突发私务、婚、丧等）时，或因教学管理公务请假（如参加会议、外出学习、出差、社会活动、工会活动等）时，因为没有临时替代性师资填补师资空缺，往往导致学校运营困难。这种情况在没有平行班的农村小规模学校尤为突出，急需培育临时替代师资力量。

2. 老年病和职业病假型师资空缺急需填补

教师队伍老龄化现象严重，是近年来困扰高素质农村教师队伍建设的难题之一。2013 年开展的一项全国东、西、中部 21 个省份的 330 所农村学校的调研显示，农村教师以中老年教师为主，40~50 岁年龄段的教师占教师总数的 46.3%，50 岁及以上的教师占教师总数的 32.6%。[①] 多数农村教师已经进入慢性咽炎、颈椎腰椎病等职业病的高发期，和心脑血管疾病、糖尿病、关节病等中老年疾病的高发期。[②] 中老年疾病、职业病和其他病假所导致的临时或短期病假性师资空缺，急需临时替代师资填补。

3. 孕产假和育儿假型师资空缺，急需填补

女教师已占教师总数的一半以上，是农村小规模学校教师队伍的另一显著特征。21 世纪研究院 2014 年 6 月对全国东、西、中部 20 个省区 46 个县（市）农村学校开展了一次调查，数据显示：按均值计算，女教师数量占教师总数的 50.7%。[③] 其中，绝大部分女教师的年龄在 25~45 岁；而国家卫计委 2015 年的调查数据显示，有 60% 符合两孩生育政策的育龄妇女年龄超过 35 岁。由此可见，农村女教师群体正处于育龄黄金期。[④] 另有调查发现，越是偏远贫困地区，女教师所占教师总数的比例越高，[⑤] 同时越是偏远贫困农村地区，"多子多福"的生育观念越是浓厚。随着普遍两孩政策的实施，

[①] 高政，刘胡权：《农村小规模学校教师队伍现状与改进对策》，《教育学术月刊》2014 年第 8 期，第 18~23 页。

[②] 侯小丽，马明所：《中小学教师常见职业病的调查研究》，《科教导刊》2011 年第 7 期，第 194~195 页。

[③] 张旭：《农村小规模学校师资队伍建设的成效与困境》，《苏州大学学报（教育科学版）》2015 年第 2 期，第 85~92 页。

[④] 金振娅：《符合二孩政策育龄妇女 60% 超 35 岁》，中央政府门户网站，http://www.gov.cn/xinwen/2015－11/06/content_ 2961477. htm，2015 年 11 月 6 日。

[⑤] 郑新蓉、武晓伟：《我国农村中小学教师性别结构的女性化》，《教师教育研究》2015 年第 3 期，第 86~92 页。

可以预计，农村小规模学校即将迎来育龄女教师阶段性的孕、产假和育儿假高峰，其短期师资空缺急需临时或短期师资填补。

三 现行农村小规模学校临时或短期师资缺口补充的应对措施

为维持农村小规模学校"正常"运营，各地普遍采取同事间跨班跨年级兼课、复式教学、继续使用临时代课人员等方式，来补充临时或短期师资缺口。但是，受农村小规模学校缺乏自主管理权、学校运营管理经费项目单一且数额有限、财务管理制度规定"生硬划一"等因素的制约，农村小规模学校临时或短期师资缺口补充举措正面临教师工作压力剧增、学校管理成本和难度增大、经济补偿和劳动收入无法保障的局面。

（一）其他同事跨班、级授课，既增加工作压力，又难获得必要经济补偿

目前，农村学校普遍采用教师包班制，当包班教师临时或短期请假时，往往由同事以跨班、跨级或跨学科兼课的方式，填补师资空缺。按照《中小学校财务制度》的规定，中小学经费收入和支出主要包括人员工资、办公费用、培训、文体活动、资料印刷、水电、取暖、交通差旅等，[①] 收入和支出明细中根本没有"超课时工作费或加班费"之类项目。同时，《中小学财务支出制度》规定：中小学财务体制实行"集中记账，分校核算"，统一在财政局和教育局联合设立的会计核算机构报账。[②] 这种财务管理体制忽视了农村小规模学校存在"超课时工作"或"加班工作"的客观实际，导致

---

① 财政部、教育部：《关于印发〈中小学校财务制度〉的通知》，教育部网站，http：//www. moe. gov. cn/jyb_ xxgk/moe_ 1777/moe_ 1779/201212/t20121226_ 146181. html，2012 年 12 月 21 日。

② 李慧玲、唐胜杰：《义务教育阶段学校年度教育经费收支预算细化管理》，《财会通讯》 2014 年第 1 期，第 52 页。

"超课时工作补助"或"加班补助"很难通过财务核算列支开支。因此，跨班、跨级或跨学科兼课的教师很难获得经济补助。其兼课补缺行为，主要基于教师间的"私交"、校长的"人格魅力"或学校的"硬性规定"而开展，甚至靠截留可列支费用或虚报可开支费用，来发放"超课时或加班"补助。

（二）合堂授课或复式教学，既增加管理难度，又难以保障教育教学质量

对有平行班的农村完全小学来说，为保障教育、教学和管理工作的"正常开展"，除了使用其他教师跨班、跨级或跨学科兼课的方式外，还可以采取"平行班合堂授课"的方式，来填补多种因素或不可抗力因素所导致临时或短期师资短缺。对于没有平行班的农村小学和教学点而言，在多种因素或不可抗力因素所导致的临时或短期师资短缺出现时，还可以采取复式教学的方式，来填补临时或短期师资空缺。在同一时间内对不同年级的学生进行教学，这种方式主要以教学、自学或做作业的方式交替进行。由于学科头绪多，讲课时间少，教学任务重，因而对教学过程的组织、教学时间的分配和教学秩序的处理，有更复杂的要求。对当事教师而言，除了增加工作强度和工作压力外，还增加了班级管理的难度。更为严重的是，很难保障教育教学质量，直接受影响的是农村受教育处境最不利人群的学业成绩。

（三）非法使用代课人员，既违背有关政策，又难以保障其劳动收益权

低薪使用不签订劳动合同的"代课人员"，是农村学校填补各种因素或不可抗力因素所导致临时或短期师资空缺的另外一种方式。尽管这种方式违反《中华人民共和国教师法》、教育部和地方关于"完全清退临时代课人员"的各种政策规定，但教育部统计数据显示，2014 年全国各地可统计的农村代课教师仍有 317858 人，绝大部分集中在农村的小规模学校。[1]"代课

---

[1] 《2014 年教育统计数据：小学代课教师数量》，教育部网站，http://www.moe.gov.cn/s78/A03/moe_ 560/jytjsj_ 2014_ qg/t20150831_ 204426. html, 2015 年 6 月 4 日。

人员"现象的"继续存在",除了凸显教育人事制度改革价值取向偏差和农村师资配置政策设计偏差外,在经济社会发展和教育资源配置存在较大的城乡和校际差距,和农村优秀师资和年青师资快速流出流失的现实情况下,还揭示了农村小规模学校需要"临时替代师资力量"的客观必然性。但是,低薪使用且不签订任何劳动合同的"二元用工方式",既难以确保"代课人员"的劳动收益权益,又导致了教育、教学绩效的低下。

四　农村小规模学校临时或短期师资补充的多元困境分析

农村小规模学校临时或短期师资缺口补充困难,且现行补充举措正遭遇难以为继的局面,看似因城乡和校际差距客观存在的环境下农村小规模学校难以留住师资,或农村小规模学校现有编制内教师"奉献精神"不足而导致。但实际情况是,随着我国高等师范教育持续多年的扩招,教师资格证书制度多年的实施,我国已经培育出了数量巨大的民间或编制外合格师资市场,当前我国并不存在师资储备不足的问题。恰恰相反,全国各地的农村教师事业编制招考工作年年火热,岗位竞争渐趋激烈。因此,农村小规模学校遭遇到的是师资补充政策建设严重滞后的问题,其背后是农村小规模学校师资队伍建设的招考制度困境、法理依据困境、管理制度困境和人事调配困境。

(一) 招考困境:以学年为单位开展,忽视工作日中临时或短期师资补充

2006 年,人事部出台了《事业单位公开招聘人员暂行规定》,农村教师队伍的准入从此进入"公开招录"和"逢进必考"时代。该项政策在教师甄选招聘过程中引入了简便易行的竞争机制,对于彰显社会公正、消除教师资格认证制度的弊端、招聘多元来源的优秀师资、促进农村教师队伍质量的提升,极具明显的积极意义。但是,现行农村教师招聘工作以学年度为时间单位,由县级教育行政机关、人事(编制)机关、财政机关多方联合,每

学年开展一次，往往在每年四五月发布招考公告，六七月组织考试遴选，八月集中开展新教师岗前培训，九月初直接分派到相应学校工作。这种招考政策设计主要基于既定生师比，区域内达到退休年龄教师的数量和对下一学年内适龄生源数量的预判，从其设计之初就忽视了下一学年内学校工作日中临时和短期师资短缺问题。

（二）法理困境：严禁使用代课教师，导致临时或短期师资补充无法可依

20 世纪 80 年代中期以来，国家出台政策逐渐解决了民办教师问题，但民办教师退出后的岗位空缺，并没有得到及时有效的补充，导致临时代课教师在农村小规模学校依旧阶段性大量存在。然而，在同期颁布实施或修订实施的《教师法》《义务教育法》《教师资格条例》中，既没有界定临时代课教师身份性质的条款，又没有临时代课教师依法从业应该具备的资质、临时代课期限、应该享有的权益等方面内容细则。进入 21 世纪，在"以县为主"的农村义务教育办学体制实施后，教育部又陆续出台了一系列政策，要求"逐步清退"并"严禁新增"临时代课人员。因此，法定身份的缺失和"全部清退"政策设计的排斥，直接导致农村小规模学校临时替代师资力量存在的"合法性危机"，在教师人事招考政策之外另行招聘临时替代师资，已经成为"违法行为"和明令禁止的"禁区"。

（三）管理困境：垂直分包分管模式，自主办学权和独立人事权缺失

目前，全国各地普遍采用"县教育局—学区中心校—农村小规模学校"垂直分包分管模式，[①] 开展对农村小规模学校的行政管理。一方面这种制度设计缓解了县级教育行政管理幅度不足的困难；另一方面适应了财权、人事权从乡（镇）上移至县，以利于保障义务教育投入的需要。但是，

---

① 储朝晖：《重振农村小规模学校需走简政之道》，《中国农业教育》2016 年第 3 期，第 14 页。

此类垂直分包管理制度主要基于"权力上移"的价值取向，极大地剥夺了乡（镇）教育行政管理机构和农村小规模学校的人事和财务权力。同时，还存在内在的法理困难，以至于县级教育行政管理机构不得不将村小和教学点挂牌为中心校的分校，将本不具有法理管辖意义的单个独立事业型法人转变为同一个法人。[①] 这种做法的直接后果是，农村小规模学校丧失了独立的自主办学权和管理权，其人事权和财务权完全听命于中心小学。当农村小规模学校面临各种因素或不可抗力因素导致的临时或短期师资缺口时，既无权力及时招聘临时替代师资，又无财力提供"超课时工作补助"或"加班补助"。

（四）调配困境：聘期内人校岗固定，他校师资难以跨校"走教填缺"

按照《中华人民共和国教师法》第十七条规定，农村学校实行教师聘任制，学校和教师遵循公开招聘、平等竞争、择优录用的原则，在双方法律地位平等的基础上签订聘任合同，明确规定双方的权益、义务和责任，形成任职契约关系。在此制度下，教师与学校之间的关系更多地由国家法律规范而不是人事政策规范，教师与学校之间的关系主要是基于聘任合同的法律关系。作为劳动聘用关系主体之一，尽管农村小规模学校的教师是跟具有事业型法人资质的学区中心小学签订劳动聘任合同，但是在为期一年的聘任期内，其岗位任务、日常管理、责权利关系，无一不是跟某一特定学校"绑定"。这意味着，至少在为期一年的聘任期内，农村小规模学校教师依旧是某个特定学校的"单位人"，而不是学区的"系统人"。因此，当农村小规模学校出现临时或短期师资缺口时，由于单位壁垒的隔离，学区内其他学校的师资往往难以接受学区中心小学的统一调配，在完成自己的工作任务后跨校"走教填缺"。

---

① 李涛：《西部农村教育治理新困局："中心校"管理模式调查》，《中国青年报》2016 年 1 月 11 日。

五　农村小规模学校临时或短期师资补充的价值取向与思路

农村小规模学校的大量存在，是农村地区（尤其是偏远农村地区）特定的学龄人口分布、地形地貌特征、交通居住状况、文化传统特点等主客观因素综合作用的结果。只要农村地区和农村人口依旧存在，农村小规模学校必将持续存在。但是，在以县为主的农村教育经费保障和农村教育管理机制体制情况下，县级政府和教育行政管理部门主要基于"教育规模效益"，来规划农村小规模学校的去留和师资队伍建设，而不是基于农村小规模学校的优点和农村受教育处境不利人群的教育权益保障，来开展政策设计和制度建设，导致现行的师资人力、物力和资金配置模式对农村小规模学校的长期发展极为不利。就此意义而言，过去一段时间内进行的农村学校布局调整，就是各地撤并或尽最大可能消灭农村小规模学校的过程。现行农村学校发展和师资配置的很多政策举措已经难以及时、合理、高效地为农村小规模学校补充临时或短期师资，此类政策举措的惯性十分强大，且关涉诸多利益相关群体或部门机构。如何在现行政策举措难以短期内得以优化或完善的条件下，规划并解决农村小规模学校临时或短期师资缺口问题，首先需要正视农村小规模学校的特质及今后一段时间内持续存在的发展趋势，理顺发展规划的思路偏差，转变以往对农村小规模学校的认知偏差，通过体制机制创新和顶层机制设计，来规划农村小规模学校临时或短期师资补充的应急措施和应对策略。

（一）农村小规模学校临时或短期师资补充的价值取向

1. 基于农村小规模学校特质，正视临时替代师资存在的必要性

由于规模普遍偏小，农村学校普遍采用包班教学，甚至是包班复式教学，导致教师工作压力极其沉重，在各种因素或不可抗力因素造成的请假缺席时，很多农村学校往往难以常态运营。在经济社会发展存在巨大城乡差距

和教育资源配置存在巨大校际差距的条件下，农村的学生日益沦为受教育处境最不利的人群，而农村小规模学校因临时替代师资缺乏所导致的运营困难，将进一步加剧这种不利局面。必须基于农村的学校特点和师资特点，正视临时替代性师资对于保障农村小规模学校正常运营的重要性和必要性。同时，还要认识到，培育临时替代师资的核心动因是正式教师的临时或短期缺少，作为一支应急替代师资力量，实际解决的是师资临时替代难题。因此，临时替代师资不是"不合格"教师，更不应是被"清退"或"完全取缔"的对象，而是应急替代师资。

2. 基于农村小规模学校师资配置偏差，审视临时替代师资存在的合理性

多年来，我国很多地区一直沿用 2001 年的教师编制政策，该政策基于城市、县镇、农村三级地理行政区划，把小学生师比分别确定为 19∶1、21∶1、23∶1，具有明显的"逐级递减"特征。[①] 这一编制标准以效率优先和城市优先为导向，严重脱离了近年来农村生源快速向城镇集中的事实，存在严重的"城市偏向"和"城乡倒挂"缺陷。[②] 对农村学校而言，因为生源数量少，单从生师比来看，已经出现了"绝对超编"，而当各种可预期和不可抗力因素导致临时或短期师资短缺时，学校往往又处于难以正常运营的"师资短缺"困境。即使这种"超编缺人"困境能够通过"按需设编"的政策加以破解，但依旧难以及时填补公私事假、病假、孕产育假所导致的临时或短期师资缺口。因此，必须基于现有师资配置政策的偏差和先天短板，检视有关"严禁使用临时代课人员"政策，审视允许临时替代性师资力量"常态存在"的合理性。

（二）政府购买服务条件下农村小规模学校临时或短期师资补充的思路

当前，常规学年度招考配置补充和各专项调配补充措施较为合理地为农村学校配置了中短期师资，但未关注学校工作日内短期和临时师资缺口的补

---

① 苏令、张家勇：《农村校"缺人超编"现象调查》，《中国教育报》2015 年 11 月 6 日。

② 庞丽娟：《"省级统筹 以县为主"完善我国学前教育管理体制》，《教育研究》2013 年第 10 期，第 24～28 页。

充。尽管有些地方做了"突破编制困境、实现按需设岗"的试点工作，但政策设计依旧是以学年度为时间单位，难以有效填补学校工作日内短期和临时师资缺口，造成农村小规模学校依旧靠同学科教师跨年级或合堂授课、复式教学、无合同低薪使用代课教师方式来填补此类师资缺口。

需要指出的是，目前农村小规模学校教师队伍既包括体制内的正式在编教师和特岗计划教师，还包括体制外各种来源的实习支教教师，以及"无名无分"存在的代课教师。同时，十余年高考扩招和教师资格证书制度的实施，已经为我国培育出数量巨大的编制外民间师资市场。因此，如何通过师资补充模式创新，来盘活体制内的富余师资和体制外的优秀师资，以破解农村小规模学校短期和临时师资缺口问题，是一个值得研究关注的农村教育现实问题。

党的十八大以来，党和政府强调改进政府提供公共服务的方式，鼓励在公共服务领域利用社会力量、加大政府购买服务力度。政府购买服务，是把政府直接提供的一部分公共服务事项以及政府履职所需服务事项，按照一定的方式和程序，交由具备条件的社会力量和事业单位承担，并由政府根据合同约定向其支付费用。2013 年，国务院出台《关于政府向社会力量购买服务的指导意见》，明确在教育等基本公共服务领域要逐步加大政府向社会力量购买服务的力度。近年来，政府购买公共教育服务已经被逐步纳入政策视野，其本质在于政府在教育服务提供中实现了"生产者"与"提供者"的分离，政府与社会组织之间的关系在本质上是一种以"契约"为基础的商品交换关系。教育是公共产品，向社会公众提供教育公共产品和服务是政府义不容辞的责任，但政府不一定是教育公共产品的生产者。在我国行政管理体制改革的大背景下，开展政府公共教育服务购买活动，是进一步转变政府职能、构建服务型政府、逐渐实现从"全能政府"和"无限政府"向"责任政府"和"有限政府"转变的政策创新尝试。

因此，在现行常规年度配置补充和各专项调配补充措施的基本框架下，从政府购买临时替代师资服务的视角，探讨农村小规模学校师资配置模式的创新，建立符合市场经济原则和人才流动原则的政府购买临时师资服务制度，破解农村小规模学校短期和临时师资缺口问题，是一个值得关注和研究的问题。应该积极鼓励农村小规模学校师资补充体制机制创新，分析政府为农村小规模学校购买临时师资服务的可行性，探索通过政府购买公共教育服务的方式，并建立长效机制，来科学、合理、高效、及时地补充农村小规模学校的临时或短期师资缺口。

（三）政府为农村小规模学校购买临时替代师资服务的可行性分析

1. 义务教育的公共产品属性，决定购买补充临时替代师资是政府不可或缺的责任

目前，中国农村小规模学校几乎全是义务教育阶段的无平行班的完全小学或教学点。《义务教育法》明确规定：义务教育是指依照法律规定，适龄青少年必须接受的，国家、社会、家庭必须予以保证的一种强制性的、免费的国民教育；国家、社会、学校和家庭必须依法保障适龄儿童、少年接受义务教育的权利。因此，在义务教育发展过程中，把义务教育作为公共产品由政府提供经费、资源保障已经成为世界各国的共识。尽管目前学界对义务教育的属性仍存在公共产品或准公共产品的争议，但是义务教育却具有非常明显的非排他性和非竞争性特征，即一个人所享有的接受义务教育的权利和机会，不会妨碍其他人也有同样的权利和机会接受义务教育，同时也不存在因任何一个人适龄受教育者因为没能力支付费用或不愿付费，就将其排除在义务教育的范围之外。政府为义务教育阶段公办学校所能提供教育资源的数量和质量，直接反映出到一个国家的经济社会整体水平的高低和教育事业发展程度的高低。作为政府，要公正地生产和分配优质义务教育资源，使所有国民都能享受相同的义务教育权利。但目前我国城乡居民所能享受的义务教育资源和权利却大相径庭，农村小规模学校往往因为临时师资空缺难以有效填补而运营困难，教育处境最不利人群的义务教育权益难以得到有效保障。因此，各级政府必须反思各自在义务教育资源生产和配置方面的责任与担当，而不是把培育和供给优秀临时替代师资作为县级政府的地方性责任，更不是把政府的责任转嫁成农村小规模学校教师、学生及其家长的负担。

2. 现行劳动合同和劳务派遣法令，适用于解释临时替代师资的身份性质和权益保障

对世界各国而言，因适龄入学人口数量增加、义务教育普及、义务教育年限拓展、小班化教学推行、教师队伍老龄化等因素造成的中长期师资缺口补充，均可以通过较为科学合理的师资供求预测规划、扩张师范教育的规模、增加教育经费和增加新进教师的编制数量，逐步妥善解决。但如何及时高效补充因病婚产丧假、职业发展假、校内外意外事故伤害、自然灾难伤害、人为灾害伤害等不可抗力因素导致的临时或短期替代性师资缺口，以确保偏远地区的小规模学校正常运行，维护受教育处境最不利人群的教育义务权益，却是包括中国在内的很多国家和地区必须正视的一个难题。作为一种临时替代性师资应急补充机制，英国通过跟劳务派遣机构合作把代课教师的身份性质界定为劳务派遣人员、建立临时替代师资资源池、搭建代课教师网络应召平台、支持代课教师持续专业发展、招聘国际代课教师等一系列措施，较为合理科学地解决了正式师资常态不足情况下偏远地区小规模学校的临时或短期师资缺口问题。目前，我国的《中华人民共和国劳动合同法实施条例（草案2008）》和《劳动合同法（修正案2013）》对劳务派遣用工、临时性岗位和替代性岗位都有较为明确的司法解释和法理概念界定。为规范劳务派遣，维护劳动者的合法权益，促进劳动关系和谐稳定，2014年3月，我国还依据《中华人民共和国劳动合同法》和《中华人民共和国劳动合同法实施条例》，专门制定《劳务派遣暂行规定》（以下简称《规定》）。该《规定》对劳务派遣用工的适用范围、劳动合同细则、用工数量、用工期限、薪酬待遇数额及支付方式、各方的责任权利和义务、劳动权益纠纷等各方面内容均有明确的规定。为加强和创新社会管理，改进政府提供公共服务方式，国务院对进一步转变政府职能、改善公共服务做出重大部署，明确要求在公共服务领域更多利用社会力量，加大政府购买服务力度，2013年9月，国务院办公厅制定颁发了《关于政府向社会力量购买服务的指导意见》。基于政府购买劳务派遣人员的临时或短期教育服务的体制机制创新视角，把临时替代师资培育和管理纳入劳务派遣的解释范畴，完全有法可依。

3. 部分师资供给由市场购买调节，可在编制标准外动态平衡生源波动与教师数量需求

义务教育最核心要素的师资是政府必须提供的公共产品之一，但公共产品却与外部效应有着密切联系，即在实际经济活动中，生产者或者消费者的活动往往对其他生产者或消费者带来非市场性影响或非帕累托改进效应。同样，作为公共产品且有政府供给的义务教育师资，也跟外部效应有着不可规避的内在联系。① 就政府而言（尤其是地方政府），如果基于保障农村小规模学校"正常"运营，按照"班师比"或"科师比"配置师资，甚至预留出替补临时师资空缺的机动师资编制，而不是按照目前既定的生师比配置师资的话，注定要加大对农村小规模学校的教育经费和编制名额倾斜，但是却很难带来所谓的"投入产出"的正向收益，甚至还要面临足够师资配置后却因各种因素造成农村小规模学校适龄生源数量减少，而让部分教师"无课可上"的编制富余尴尬。因此，地方政府往往会出于投入与产出"经济效益甚微"甚至是"负效益"的考虑，而无暇考虑义务教育不讲及时经济回报（讲求长远社会回报）的正外部属性，多以"生师比不可随意调整"和"财政经费有限，难以支持扩编"的理由，在主观上排斥为农村小规模学校配足配齐师资，并继续漠视或变相支持农村小规模学校代课教师"无名无分"且低薪的"继续存在"。对农村小规模学校的代课教师而言，其无名无分的"继续存在"早已超越了"同工不同酬"的二元用工解释范畴和劳动权益保障及追索的范畴。更为严重的是，强化了代课教师群体对政府、教育行政管理机关、任教学校公信力的"不信任"程度，并直接以各种形式的"负能量"在课堂上向受教育处境最不利的学生群体传递。最终结果，注定会导致多层负面因素的叠加影响，以"马太效应"的形式进一步弱化农村受教育处境最不利人群的教育权益。完全基于政府行政主导的农村小规模学校师资配置政策，在很大程度上出现了使教育要素相关各方利益（信

---

① 耿晓亚：《农村义务教育：政府必须提供的公共产品》，《中国教育研究论丛》，中国言实出版社，2006，第50~51 页。

用）均不同程度受损的"非帕累托改进"，这是当前农村小规模学校师资配置政策失灵（或部分失灵）的明显标志。

目前，经过多年的中高等师范教育生源扩招和非师范生教师资格证书考试制度推行，中国已经培育出了数量、层次、类型和科目足够丰富的体制外教育人力资源市场，如果不及时盘活并高效利用其中的优秀师资力量，将会造成极大的教育人力资源闲置或浪费。因此，在政府主导农村小规模学校师资配置的条件下，在现行教育人力资源配置方式和运行机制基本不变的框架内，适当让渡政府教育人力资源供给和调配的部分权力，基于劳动合同和专业发展权益保障，以政府购买临时性和替代性公共教育人力资源的方式，满足农村小规模学校的临时师资需求，既可以有效盘活体制外的优秀教育人力资源，又可以较好地回应农村小规模学校生源波动与师资数量增减的平衡关系，让政府行为、市场行为、学校行为和个人行为之间形成一个动态平衡的力矩。①

六　政府为农村小规模学校购买服务性师资政策内容与问题

从田野调研和各地政府为农村小规模学校购买服务性师资政策来看，截至 2018 年 8 月，包括山东、山西、河南、河北、湖南、湖北、广西、海南、云南、贵州、四川、青海、新疆、内蒙古在内，全国共有 14 个省份的 34 县（市、区）制定了政府购买服务性师资政策，发布了招聘公告，开展了购买服务活动。

（一）各地政府为农村小规模学校购买服务性师资政策的主要内容

1. 资质标准和入职条件不低于招聘正式教师

各地所招政府购买服务性师资一般以本县（市、区）户籍的大学应届

---

① 关培俊：《论教育人力资源配置的二元结构》，《高等教育研究》2008 年第 8 期，第 60 ~ 66 页。

或往届毕业生为主，其资质标准和入职条件不低于当地招聘的正式教师。报考者一般需要具备以下条件：拥有中国国籍、政治坚定、身体健康、未受过党政纪处分和刑事处罚、无信用瑕疵；年龄一般不超过 35 周岁，全日制普通高等学校毕业，普通话达标；小学政府购买服务性师资需具有大专及以上学历，中学政府购买服务性师资需具有大学本科以上学历和学士以上学位；所学专业与所报考科目对口，且拥有对应学段的教师资格证书。为吸引报考者去偏远地区义务教育阶段公办中小学任教，也有不少地方适当降低了学历标准，如大专毕业但在当地公办中学代课三年以上且表现优异者，或大专毕业的紧缺学科教师，可报考公办中学政府购买服务性师资岗位。

2. 报考和审查严格遵循教育事业编制招考程序

各地政府均严格参照当地教育事业单位编制内人员招考程序，对报名注意事项、资格审查、考试内容和方法、面试规则、成绩换算、初选入围人员公示、体检、政审、体检或政审不合格者的替补、最终入围人员公示、合同签订、纪律监督、违规违纪处理、政策内容解释等事项，均有明文规定。为严肃招考风纪，有些地方参考公务员招考的做法。山西某县和贵州某县在入围人员体检过程中，参照了人事部、卫生部、人力资源和社会保障部关于《公务员录用体检通用标准（试行）》的有关规定；山西吕梁市某区在对违纪工作人员处理时，参照了人力资源和社会保障部关于《事业单位公开招聘违纪违规行为处理规定》。

3. 工作任务等同正式教师但受多方综合管理

政府购买服务性师资的工作任务等同于正式教师，他们要接受用工学校的教育、教学和班级工作安排，服从用工学校的规章制度，接受用工学校的考勤管理和绩效考核。同时，按照《教育法》《义务教育法》《教师法》《未成年人保护法》和教育部有关师德建设的规定，对政府购买服务性师资的权利、责任和义务，也等同于正式教师，并加以明文规定。但是，在现实中政府购买服务性师资却接受各地人力资源与社会保障局、教育局、用工学校或劳务派遣机构的综合管理，人力资源与社会保障局主要负责人事档案和职称评审管理，教育局主要负责招考工作管理、用工合同管理和相关政策解释，用工学校主要负责日常工作管理和工作绩效考核，劳务派遣机构主要负责社会保险业务办理和解聘续聘工作。

4. 合同约定身份性质、工作年限和职内权利

作为劳务合同乙方，政府购买服务性师资的"身份"被规定为"不占事业编制"的"合同制工作人员、临时工作人员或编制外临时用工"。合同的甲方则较为多元化，在制定相关政策的 34 个县（市、区）中，有 15 个地方的合同甲方为教育局，8 个地方的合同甲方为人力资源与社会保障局下属的劳务派遣公司或人才市场，7 个地方的合同甲方为用工学校，有 3 个地方的合同甲方为私营劳务派遣公司。政府购买服务性师资的合同年限也长短不一，山东某县政府购买服务性师资的工作年限最长，为 6 年；河南有多个地方为 1 年，优秀者可以续签；其他地方的工作年限多为 2~3 年。劳务合同除对薪酬数量、薪酬发放方式、社会保险缴纳等内容做具体规定外，还对职称评定、优秀者考事业编制的优惠条件、绩效工资数量和发放、职前和职内培训等做了具体规定。

（二）各地政府为农村小规模学校购买服务性师资政策存在的问题

1. 名称界定杂乱，政策制定缺乏权威依据，面临合法性危机

各地采用的称谓大不相同，如政府购买社会化服务教师、教育系统购买服务工作人员、政府购买服务性师资岗位人员、政府购买服务教育人员、政府购买服务农村教师、政府购买服务中小学教师、政府购买服务性岗位教师、政府购买服务中小学合同制教师等十多个称谓被使用。大部分地方的政策依据不是《中华人民共和国劳动合同法》《政府购买服务管理办法（暂行）》《国务院办公厅关于政府向社会力量购买服务的指导意见》《劳务派遣暂行规定》等法律法规，而是"依据教师配置实际，经党委和政府研究，以政府购买服务的方式招聘教师"。名称杂乱，法理和法律依据不足，各地的政府购买服务性师资政策普遍面临合法性危机。

2. 混淆"购买服务和劳务派遣"，变"购买服务为购买劳务"

"政府购买服务"是指通过发挥市场机制作用，把政府直接提供的部分公共服务事项及政府履职所需的服务事项，按一定方式和程序，交由具备条件的社会力量和事业单位承担，并由政府根据合同约定向其支付费用。"劳务派遣"是指由劳务派遣机构与派遣劳工订立劳务合同，把派遣劳工派向行政、事业和企业等用工单位，从事后勤服务、机电技术和辅助管理工作，再由用工单位向派遣机构支付费用的一种用工形式。政府购买服务与劳务派遣有本质区别。就各地的政府购买服务性师资政策而言，明显混淆了"政府购买服务"和"劳务派遣"的边界，以"政府购买服务事项"之名，行"购买劳务和岗位"之实。

3. 违反《政府购买服务管理办法（暂行）》，把自然人作为承接主体

《政府购买服务管理办法（暂行）》规定：承接主体包括在登记管理部门登记或经国务院批准免予登记的社会组织，公益二类或转为企业的事业单位，依法在工商管理或行业主管部门登记成立的企业、机构等。并未规定"自然人"可作为承接主体。承接主体应具备以下条件：依法设立，具有独立民事责任能力；治理结构健全，内部管理和监督制度完善；具有独立健全的财务管理、会计核算和资产管理制度；具备提供服务所需的设施、人员和专业技术能力；具有依法纳税和社会保障资金的良好记录等基本条件。除少数地方外，大部分地方把自然人作为承接主体。

4. 违反劳务派遣有关规定，变临时替代用工为长期固定用工

《劳务派遣暂行规定》第三条明确规定：用工单位只能在临时性、辅助性或者替代性的工作岗位上使用被派遣劳动者。临时性工作岗位是指存续时间不超过 6 个月的岗位；替代性工作岗位是指用工单位的劳动者因脱产学习、休假等原因无法工作的一定期间内，可以由其他劳动者替代工作的岗位。就目前各地的政策内容而言，政府购买服务性师资的合同期限均远超过这一规定。很明显，有关政策举措违反了《劳务派遣暂行规定》的有关规定，把临时替代性用工异变成长期固定性用工。

5. 薪酬待遇普遍低于正式教师，异化为代课教师"新变种"

除山东某县等少数地方政府购买服务性师资的薪酬待遇参照正式教师标准发放，以及新疆某市和武汉某区按每月 7200 元或每年 7.5 万元的标准发放（含"五险一金"单位、个人缴纳部分）外。大多数地方政府购买服务性师资的薪酬待遇普遍低于正式教师，河南多数县的月工资为 1500～1800元，劳务派遣公司只为其缴纳"四险"，个人承担部分从工资中代扣；云南某县的月工资为 2000 元，不享受"五险一金"，政府只为其购买意外伤害险；山西某市执行当地最低工资标准，山西有 2 个县按当地最低工资标准的 1.2 倍发放工资。同时，各地还明确规定"如遇政策性变化，将随时全员清退政府购买服务性师资"。就政策实质而言，各地已把政府购买服务性师资异化为代课教师的"新变种"。海南某市则直接出台《某市义务教育阶段公办中小学临聘教师管理办法》，"合法"使用代课教师。

七　政府为农村小规模学校购买临时替代师资服务的对策探析

加强和创新社会管理、改进政府提供公共服务方式、在公共服务领域更多地利用社会力量、加大政府购买服务力度，是党的十八大以来大力倡导的用以提高社会管理科学水平的重要方式。通过政府购买公共教育服务，可以有效加强基层社会管理和服务体系建设，强化企事业单位、人民团体在社会管理和服务中的职责，引导社会组织健康有序发展，充分发挥群众参与社会管理的基础作用。通过政府购买公共教育服务的方式，来解决农村小规模学校临时师资不足的问题，是一种值得进一步探讨的维持农村小规模学校的正常运营的政策思路。但是，要落实政府购买公共教育服务，化解农村小规模学校临时或短期师资缺口问题，必须着力解决好以下几个方面的问题。

（一）强化监管，防止政府为农村小规模学校购买师资政策无序蔓延

通过政府购买服务的方式为义务教育阶段公办中小学补充师资，主要是地方县（市、区）政府所为。这种政策举措缺乏最起码的法理法律依据，混淆"购买服务"和"劳务派遣"，变"购买服务"为"购买劳务"。同时，违反了《政府购买服务管理办法（暂行）》的有关规定，把"自然人"

作为政府购买服务的承接主体。该做法自 2015 年广西某县开始实施以来，在全国各地呈现出逐年蔓延的趋势。因此应加强对地方政府的监管，开展专项治理工作，严禁地方借政府购买服务的名义，推卸教育事业单位编制改革滞后的责任，杜绝地方政府为农村小规模学校购买服务性师资政策举措的无序蔓延。

（二）　废除劳务合同，保障"政府购买服务性师资"的同工同酬权利

各地政府普遍违反《劳务派遣暂行规定》中有关劳务派遣用工"只能在不超过 6 个月的临时性和替代性"岗位工作的规定，以及违反《中华人民共和国劳动合同法》中有关"被派遣劳动者享有与用工单位劳动者同工同酬权利"的规定。因此，政府购买服务性师资跟教育局、劳务派遣机构或用工学校所签订的劳务合同，是没有任何法律约束力的无效合同。建议立即废除此类合同，在人文协商和有效沟通的基础上，规划"政府购买服务性师资"的退出路径。要么鉴于国家机关和事业单位普遍使用编制外合同制用工的做法，把现有"政府购买服务性师资"的身份性质界定为"义务教育阶段公办中小学合同制教师"，让其继续留任工作，并基于《中华人民共和国劳动合同法》的有关规定，确保其同工同酬权利；要么在给予其合理补偿补助的基础上，鼓励其自愿退出；要么就地转正为在编教师。

（三）　借鉴国外经验，探讨政府为农村小规模学校购买临时师资的机制

通过政府购买服务的方式，向具备资质的社会组织或力量购买临时性师资，填补偏远地区公办中小学的临时师资缺口，是发达国家的普遍做法。英国政府依据《劳务派遣人员管理条例（2010）》，把政府购买临时替代师资的身份界定为"劳务派遣人员"，并基于学校教师薪酬和工作环境保障文件的有关规定，建构了较为完备的临时替代师资购买、管理、培训和权益保障机制。当前，必须严令禁止地方政府借购买教育公共服务事项的名义，低成本为义务教育阶段公办中小学配置中长期师资的做法。鉴于临时师资缺口在义务教育阶段公办中小学普遍存在的客观性，可以在学习借鉴发达国家政策

经验的基础上，开展政府购买临时服务性师资的尝试。

第一，正视临时师资缺口长期存在的客观性，修订《教师法》，允许临时替代师资合法存在。

第二，修订《政府购买服务管理办法（暂行）》，允许具备合格教师资质的自然人作为承接主体。

第三，修订《政府向社会力量购买服务指导性目录》，把向具备条件的社会组织、社会力量和自然人购买临时性师资服务列入其中。

第四，制定中国特色《政府向社会力量购买临时服务性师资管理办法》，逐步建构融"项目申报、预算编制、组织购买、项目监管、同工同酬权利保障、纠纷处理、绩效评价"等要素于一体的管理制度体系。

《中国教育发展与减贫研究》2018 年第 2 期
第 62～77 页
© SSAP，2018

中国大学生资助政策
四十年回顾与展望

邵 岩　刘晓迪　曲绍卫

【摘　　要】本文在回顾我国改革开放四十年的经济背景和教育政策改革基础上，通过梳理历史脉络、发展阶段和探索体系建设及其特色，分析这些因素对大学生资助政策的改革和发展的深远影响，可以从不同角度更加清晰地看到中国改革开放所取得的成就，为今后进一步完善大学生资助政策奠定基础，以期加快推进我国大学生资助制度的构建和创新。

【关 键 词】大学生资助　政策体系演变　政策展望

【作者简介】邵岩，北京科技大学教育经济与管理研究所硕士研究生，研究方向为教育经济与管理；刘晓迪，北京科技大学经济与管理研究所硕士研究生，研究方向为教育经济与管理；曲绍卫，北京科技大学教育经济与管理研究所教授，研究方向为教育经济与管理。

自 1949 年新中国成立至今，我国大学生资助制度不断在发展中完善，尤其是改革开放四十年来资助政策力度不断加大，已形成庞大且较为完善的大学生资助制度体系，其政策演变与我国改革开放的发展水平密切相关，本文将从家庭经济困难学生资助政策的视角，进一步反映出改革开放四十年来的历史进步。

一　大学生资助政策改革的发展目标

大学生资助政策改革是一种制度变迁。学生资助制度变迁就是政府、学校、学生等相关利益主体为实现一定的目标，直接或间接地促使资助制度做出重新安排或制度结构重新调整的动态过程。制度变迁是人们为了实现自身利益而进行的规则选择，变迁的实现不仅需要一定的主体，而且也离不开一定的条件。

大学生资助制度是当今社会发展、教育改革趋势下的重要制度，它不仅仅是支撑贫困学子追求学业完成高等教育必不可少的制度，也是维护教育公平、社会公平的重要保障，更是保证大学生培养质量不断提高，为国家培养人才提升国家核心竞争力的有力制度。建立完善的大学生资助制度，让每一位学子不因贫困问题而辍学，对于促进教育发展、保证教育公平、推进社会和谐具有重大的现实意义。

二　大学生资助政策的历史演进

大学生资助制度是指向大学生提供各种经济扶持，以帮助他们摆脱面临的经济困境而建立起的一系列措施与规范体系。经济基础决定上层建筑，可以说，我国大学生资助制度的发展历程与我国的经济发展水平是分不开的，经济发展水平直接影响了我国大学生资助水平。所以，根据我国经济发展的不同阶段，可以将我国大学生资助制度分解为四个阶段。

（一）商品经济背景下的恢复、初建阶段（1978～1991年）

1. 经济背景

1978年12月召开的党的十一届三中全会，做出把工作重点转移到社会主义现代化建设上来的重大决策，并提出了改革经济体制的任务。这个阶段经济体制改革的目标模式是由党的十二届三中全会提出的"有计划的商品经济模式"和由党的十三大提出的"计划与市场内在统一"的经济体制。党的十二届三中全会通过的《中共中央关于经济体制改革的决定》，为我国社会生产力的大发展，为我国社会主义物质文明和精神文明的大提高，开辟了广阔的道路。党的十一届三中全会做出了实行改革开放的重大决策，中国进入了经济转轨时期。改革开放为经济发展注入了动力，扭转了人均 GDP不断下降的局面，开始迅速上升。党的十一届三中全会后，邓小平提出"社会主义也可以搞市场经济"的观点，打破了长期以来认为"市场经济为资本主义所独有"的僵化观念。1984 年 10 月，党的十二届三中全会通过的《中共中央关于经济体制改革的决定》，第一次提出社会主义经济是在公有制基础上的有计划的商品经济。这一理论的提出引领了经济体制改革的全面开展。以 1992 年邓小平南方谈话和党的十四大为契机，我党在计划与市场关系问题上的认识上有了新的重大突破，主要是从根本上破除了把计划经济和市场经济看作属于社会基本制度范畴的思想束缚，确立起了中国经济体制改革的目标模式及基本框架，经过几年的改革与调整，我国的社会主义市场经济体制初步确立。

2. 教育政策

改革开放以后，伴随着经济的发展以及经济改革中计划体制向市场体制的转轨，教育取得了巨大的进展，各种"市场化"改革也在教育领域内展开。1977 年，邓小平恢复"文革"前的教育体制和招生制度，恢复教育行政管理系统，中小学实行五五制，本科四年，校内恢复党政领导机制。1982年，党的十二大把教育作为经济建设的战略重点之一。1985 年发布的《中共中央关于教育体制改革的决定》提出教育改革，指出"教育体制改革的根本目的是提高民族素质，多出人才、出好人才。要解决人才问题，就必须使教育事业在经济发展的基础上有一个大的发展。教育必须为社会主义建设服务，社会主义建设必须依靠教育。必须极大地提高全党对教育工作的认识，面向现代化、面向世界、面向未来，为九十年代以至下世纪初叶我国经济和社会发展，大规模地准备能够坚持社会主义方向的各级各类合格人才"。1987 年，党的十三大提出"百年大计，教育为本"。提出当前高等教育体制改革的关键是改变政府对高等学校统得过多的管理体制，在国家统一的教育方针和计划指导下，扩大高等学校的办学自主权，加强高等学校同社会各方面的联系。改革大学招生的计划制度和毕业生分配制度，实行国家计划招生、用人单位委托招生和招收少数自费生三种办法。

3. 大学生资助

（1）大学生奖学金。高等教育实行了收费制，普遍性的人民助学金逐渐被奖学金取代。1983 年 7 月，教育部和财政部联合发出《关于颁发〈普通高等学校本、专科学生人民助学金暂行办法〉和〈普通高等学校本、专科学生人民奖学金试行办法〉的通知》，降低了"人民助学金"的比例，设立了"人民奖学金"。1985 年发布《中共中央关于教育体制改革的决定》也明确指出，要改革人民助学金制度，对学习成绩优秀的学生实行奖学金制度。1987 年 7 月国家教委、财政部发布《普通高等学校本、专科学生实行奖学金制度的办法》，规定设立三种奖学金，即优秀学生奖学金、专业奖学金和定向奖学金。奖学金制由此全面设立。除了奖学金外，还有一些辅助资助措施，如贷款、困难补助、勤工助学、学费减免。1987 年实施的奖学金制度，一等奖每人每年 350 元，二等奖 250 元，三等级 150 元；一等奖按本、专科学生人数的 5% 评定，二、三等奖都按10% 评定。

（2）大学生助学金。1986 年，国务院批转了国家教育委员会、财政部《关于改革现行普通高等院校人民助学金制度的报告》，标志着普遍性的人民助学金制的结束。

（3）大学生贷款。《普通高等学校本、专科学生实行贷款制度的办法》指出，为帮助部分经济困难的学生，由国家向学生提供无息贷款。1987 年，国家教委、财政部发布的《普通高等学校本、专科学生实行奖学金制度的办法》和《普通高等学校本、专科学生实行贷款制度的办法》规定，在 1987年入学的本科普通高等院校的新生中全面实行奖学金制度和助学贷款制度。

（二）初步市场经济与资助政策改革推进阶段（1992～2000 年）

1. 经济背景

1992 年，邓小平在"南方讲话"中指出"改革开放胆子要大一点，看准了的，就大胆地试，大胆地闯"，"改革开放迈不开步子，是因为太注重姓'资'还是姓'社'的问题"，并提出判断改革开放的标准应该为是否有利于发展社会主义社会的生产力，是否有利于增强社会主义国家的综合国力，是否有利于提高人民的生活水平。"南方讲话"为改革开放提供了一剂强心针，有利于打破广大干部群众的思想包袱。同年，党的十四大召开，正式将建立社会主义市场经济体制作为改革开放的目标确立下来，这意味着存在多年的计划与市场之争在指导思想领域基本结束。此后，市场作为资源配置的基本手段得到承认，计划经济同时被国家宏观调控所取代，由此改革进入了新的阶段。

2. 教育政策

1992 年，党的十四大提出把教育摆在优先发展的战略地位，至此，教育的优先战略地位最终确立。党的十四大确定我国经济体制改革的目标是建立社会主义市场经济体制。20 世纪 90 年代，随着经济体制、政治体制和科技体制改革的深化，教育体制改革必须采取综合配套、分步推进的方针，加快步伐，改革包得过多、统得过死的体制，初步建立起与社会主义市场经济体制和政治体制、科技体制改革相适应的教育新体制。只有这样，才能增强主动适应经济和社会发展的活力，走出教育发展的新路子，为建立具有中国特色的社会主义教育体系奠定基础。

1993 年，《中国教育改革和发展纲要》首次提出国家财政性教育经费支出占 GDP 总量 4% 的目标。2012 年，国家财政性教育经费支出占 GDP 的 4.28%，此后连续 5 年实现了 4% 的目标，2016 年首次超过 3 万亿元。《中国教育改革和发展纲要》根据我国社会主义现代化建设"三步走"的战略部署，提出了到 20 世纪末我国教育发展的总目标：全民受教育水平有明显提高，城乡劳动者的职前、职后教育有较大发展，各类专门人才的拥有量基本满足了现代化建设的需要，形成具有中国特色的、面向 21 世纪的社会主义教育体系的基本框架；再经过几十年的努力，建立起比较成熟和完善的社会主义教育体系，实现教育的现代化。

1995 年，国务院办公厅转发的国家教委《关于深化高等教育体制改革若干意见》提出：高等教育体制改革的各项工作都有赖于投资和财务管理体制改革的深化，有关方面应加强调查研究，积极进行试点，加强投资和财务体制改革的力度，促进高等教育管理体制的改革。同年启动的"211 工程"，建设资金采取国家、部门、地方和高等学校共同筹集的方式。

1998 年 8 月，《中华人民共和国高等教育法》颁布，第五十四条规定："高等学校的学生应当按照国家规定缴纳学费。家庭经济困难的学生，可以申请补助或者减免学费。"第五十五条规定："国家设立奖学金，并鼓励高等学校、企业事业组织、社会团体以及其他社会组织和个人按照国家有关规定设立各种形式的奖学金，对品学兼优的学生、国家规定的专业的学生以及到国家规定的地区工作的学生给予奖励。国家设立高等学校学生勤工助学基金和贷学金，并鼓励高等学校、企业事业组织、社会团体以及其他社会组织和个人设立各种形式的助学金，对家庭经济困难的学生提供帮助。获得贷学金及助学金的学生，应当履行相应的义务。"第六十条规定："国家建立以财政拨款为主、其他多种渠道筹措高等教育经费为辅的体制，使高等教育事业的发展同经济、社会发展的水平相适应。国务院和省、自治区、直辖市人民政府依照教育法第五十五条的规定，保证国家举办的高等教育的经费逐步增长。国家鼓励企业事业组织、社会团体及其他社会组织和个人向高等教育投入。"

为了实现党的十五大所确定的目标与任务，落实科教兴国战略，全面推进教育的改革和发展，提高全民族的素质和创新能力，1998 年教育部制定了《面向 21 世纪教育振兴行动计划》：逐步提高中央本级和省级财政支出中教育经费支出所占的比例。

1999 年，中共中央、国务院发布的《关于深化教育改革，全面推进素质教育的决定》提出：在非义务教育阶段，要适当增加学费在培养成本中的比例，逐步建立符合社会主义市场经济体制以及政府公共财政体制的财政教育拨款政策和成本分担机制。加强教育经费的管理，严格禁止乱收费。认真组织实施教育储蓄、教育保险和助学贷款制度，完善奖学金制度。积极运用财政、金融和税收政策，继续鼓励社会、个人和企业投资办学和捐（集）资助学，不断完善多渠道筹措教育经费的体制。

3. 大学生资助

国家提出，要通过多种形式对高校特困生给予资助，保证经高考录取和已在校的家境贫寒的学生不因经济困难而辍学。国家继续安排资金资助特困生，地方财政和学校相应配套资助。同时，积极开展高校学生贷学金等多种助学制度的试点工作，探索社会主义市场经济条件下资助经济困难学生的有效途径。

（1）大学生助学金。1994 年 5 月，国家教委、财政部发布《关于在普通高等学校设立勤工助学基金的通知》，决定在高等学校设立勤工助学基金，专门用于在校内勤工助学活动中支付给学生的劳动报酬。

（2）大学生贷款。自 20 世纪 90 年代末起，政府开始更多地关注公平问题。就高等教育领域来说，高校学费的不断上涨使得高校贫困生问题越来越突出；1995 年的贷款办法规定的贷款基金筹措途径主要有学校教育事业费（按每生每月 10 元标准提取）、国家专项补助经费、回收的贷款、社会捐赠、校办产业收入等其他资金。1999 年，中国人民银行、教育部、财政部联合发布《关于国家助学贷款的管理规定（试行）》，标志着我国真正意义上由商业银行发放助学贷款的开始。

（3）对困难学生的助学政策。1993 年 7 月，国家教委、财政部颁发了《关于对高等学校生活特别困难学生进行资助的通知》，向困难学生发放困难补助。1996 年，国家教委发出《关于切实做好高校经济困难学生入学工作的通知》，提出对灾区的学生、少数民族学生、在高等学校招生"并轨"制度改革过程中出现的经济困难学生，要给予帮助。

1999 年，教育部、财政部发出的《关于进一步加强高校资助经济困难学生工作的通知》关注了生活特别困难的下岗职工子女，要求学校酌情减免学费。1999 年，教育部、财政部发出《关于进一步加强高校资助经济困难学生工作的通知》，提出从 1999 年 9 月 1 日新学期始，各学校每年须从学费收入中专门用于勤工助学工作的比例从 5% 上升为 10%，以加大对困难学生的补助力度。

（三）市场经济改革深化与学生资助政策完善、发展阶段（2001 ~ 2011 年）

1. 经济背景

2001 年中国加入了 WTO，中国经济开始更多地融入经济全球化的浪潮。2002 年以来，中国经济的发展已经步入了自改革开放以来更加高级的发展阶段。2002 年召开党的十六大提出："本世纪头二十年改革的主要任务是完善社会主义市场经济体制。"2003 年，党的十六届三中全会通过的《关于完善社会主义市场经济体制若干问题的决定》，对建成完善的社会主义市场经济体制进行了全面部署，尤其是在所有制理论上实现了重大突破：一是提出股份制是公有制的主要实现形式；二是深刻阐述了现代产权制度的主要特征和重要地位；三是提出给予非公有制经济平等待遇。此外，中央提出树立科学发展观、构建和谐社会等重大战略思想，也为完善社会主义市场经济体制提供了理论指导．在实践上我国经济体制改革迈出了新的步伐。党的十六届三中全会之后，通过进一步探索，我党提出了新的经济发展方式转变机制，并最终在党的十七大上正式提出了新的经济发展方式转变理论。在 2006 年10 月召开的十六届六中全会上，通过了《中共中央关于构建社会主义和谐社会若干重大问题的决定》。建设和谐社会的提出，进一步将社会机制确立为实现经济、社会和人的全面可持续发展的机制。在市场经济条件下，社会机制其实就是通过整合政府、市场和社会主体三方的力量，共同推进经济、社会、人及自然的全面可持续发展。

2. 教育政策

2004 年，教育部颁布了《2003 ~ 2007 年教育振兴行动计划》，提出完善国家和社会资助家庭经济困难学生的制度，在高等学校切实贯彻国家制定的奖学金、学生贷款、勤工助学、学费减免、特殊困难补助等资助困难学生的政策，大力推进国家助学贷款工作。继续动员和鼓励社会团体和个人对家庭经济困难学生，开展多种形式的资助活动。

2007 年，教育部制定的《国家教育事业发展"十一五"规划纲要》提出：建立健全资助体系，保障家庭经济困难学生的受教育机会。建立高等教育国家奖学金助学金制度，加大资助力度，扩大受助学生比例，帮助家庭经济困难学生顺利完成学业。完善和落实国家助学贷款政策，改进高校毕业生到艰苦地区和行业工作的助学贷款国家代偿制度。继续实行高校家庭经济困难学生就学的"绿色通道"，鼓励社会捐资助学，逐步使财政性教育经费占国内生产总值的比例达到 4% 的目标。

2010 年《国家中长期教育改革和发展规划纲要（2010～2020 年）》提出：创新和完善公派出国留学机制，在全国公开选拔优秀学生进入国外高水平大学和研究机构学习。加强对自费出国留学的政策引导，加大对优秀自费留学生资助和奖励力度。坚持"支持留学、鼓励回国、来去自由"的方针，提高对留学人员的服务和管理水平。完善普通本科高校、高等职业学校和中等职业学校家庭经济困难学生资助政策体系。完善助学贷款体制机制。推进生源地信用助学贷款。

3. 大学生资助

（1）大学生奖学金。党的十六大以后，在实践"三个代表"重要思想、落实科学发展观、构建社会主义和谐社会过程中，家庭经济困难学生的就学问题引起政府的高度重视。2002 年《国家奖学金管理办法》颁布，决定设立国家奖学金，其资助对象为全国普通高等学校的家庭经济困难、品学兼优的全日制本、专科学生。2002 年设立的国家奖学金规定："对重点高校和师范、农林、民族、体育、航海、水利、地质、矿产、石油等专业的学生占在校生比例较大的高校适当倾斜。"2005 年，在原有的国家奖学金和国家助学金基础上，又增设了国家励志奖学金。2007 年，在国家新的资助体系中，奖（助）学金分为国家奖学金、国家励志奖学金、国家助学金。国家奖学金，每年奖励 5 万名在校学生，奖励标准为每生每年 8000 元；国家励志奖学金的资助面平均约占全国高校在校生的 3%，资助标准为每生每年 5000 元；国家助学金的资助面平均约占 20%，平均资助标准为每生每年 2000 元。同一学年内，获得国家奖学金的家庭经济困难学生可以同时申请并获得国家助学金；在同一学年内，申请并获得国家助学金的学生，可同时申请并获得国家奖学金或国家励志奖学金。

（2）大学生助学金。2004 年，国务院办公厅发布的《关于切实解决高校贫困家庭学生困难问题的通知》指出，经济特别困难的学生主要是军烈属和城市低保户、农村特困户等家庭的子女以及老少边山穷地区贫困家庭学生等。

2005 年，财政部和教育部制定的《国家助学奖学金管理办法》规定设立"国家助学奖学金"，资助分为国家奖学金和国家助学金两种形式。2007 年 5 月，国务院颁发了《关于建立健全普通本科高校高等职业学校和中等职业学校家庭经济困难学生资助政策体系的意见》，明确提出建立以政府为主导的家庭经济困难学生资助政策体系，文件指出："加大财政投入，落实各项助学政策，扩大受助学生比例，提高资助水平，从制度上基本解决家庭经济困难学生的就学问题。"在该政策指导下，2007 年教育部、财政部专门颁发了《关于认真做好高等学校家庭经济困难学生认定工作的指导意见》，指出"家庭经济困难学生是指学生本人及其家庭所能筹集到的资金，难以支付其在校学习期间的学习和生活基本费用的学生"。2007 年 6 月，财政部和教育部接连下发了五个关于国家奖助学金管理和家庭经济困难学生认定的文件。

在经费负担方面，2002 年和 2005 年的国家奖助学金政策明确规定经费由中央财政承担。2007 年实施的新的资助体系中，国家奖学金由中央财政承担，国家助学金和励志奖学金由中央和地方政府共同承担。2007 年，国家实施新的资助体系，资助力度进一步加大，明确提出建立以政府为主导的家庭经济困难学生资助政策体系。

2000 年，教育部、财政部、发改委还规定各高校必须建立"绿色通道"制度，对被录取的经济困难的新生，一律先办理入学手续，然后再根据核实后的情况，分别采取不同的资助措施。除了政府资助外，各高校还利用自有资金、社会组织和个人捐赠资金等，设立了各种奖学金、助学金，对家庭经济困难学生进行资助。

至此，一个以政府为主的家庭经济困难学生多元混合资助体系已经形成。

（3）大学生贷款。2004 年，国务院办公厅转发财政部和银监会《关于进一步完善国家助学贷款工作的若干意见》，规定普通高校要承担国家助学贷款风险补偿专项资金 50%，而且每所普通高校承担的部分与该校毕业学生的还款情况挂钩。2007 年 8 月财政部、教育部、国家开发银行颁布的《关于在部分地区开展生源地信用助学贷款试点的通知》也对利息和风险补偿金规定了详细的责任分担，中央与地方高校、东西部地区，都有不同的责任。2007 年，财政部、教育部、国家开发银行在江苏、湖北、重庆、陕西、甘肃 5 省份开展了生源地信用助学贷款试点，于 2008 年发出《关于大力开展生源地信用助学贷款的通知》，要求从 2008 年起进一步扩大生源地信用助学贷款覆盖范围，大力推进生源地信用助学贷款工作。

（四）市场经济日渐成熟与资助力度加大（2012～2018 年）

1. 经济背景

世界经济步入"大调整"与"大过渡"的时期。这种大时代背景与中国阶段性因素的叠加决定了中国经济进入增速阶段性回落的"新常态"时期，并呈现出与周期性调整不一样的新现象和新规律。经济新常态主要特点：一是增长速度从高速增长转为中高速增长；二是经济结构不断优化升级，扭转破坏性开采的粗放型发展；三是驱动力从要素驱动、投资驱动转向服务业发展及创新驱动。

2. 教育政策

在我国经济增长变缓的发展模式下，教育经费总量却处于稳定增长状态，但其增长比例相对减少，呈波浪式震动增长模式。2005～2015 年，我国高等教育的政府投入从 1496 亿元增加到 5930 亿元，增加了 2.96 倍；高等教育的非政府投入从 2028 亿元增加到 3588 亿元，增加了 0.77 倍。2015

年全国教育经费总投入为 36129.19 亿元，比上年的 32806.46 亿元增长 10.13%。2016 年全国国内生产总值为 744127.2 亿元，国家财政性教育经费占国内生产总值比例为 4.22%。2017 年，全国教育经费总投入为 42557 亿元，比上年增长 9.43%。

3. 大学生资助

2012 年 5 月，中国教育发展基金会、全国学生资助管理中心印发《普通高校家庭经济困难新生入学资助项目暂行管理办法》，设立普通高校家庭经济困难新生入学资助项目。9 月，财政部、教育部印发《研究生国家奖学金管理暂行办法》，设立研究生国家奖学金。2013 年 7 月，财政部、教育部印发《研究生学业奖学金管理暂行办法》和《研究生国家助学金管理暂行办法》，设立研究生学业奖学金和研究生国家助学金。8 月，财政部、教育部、总参谋部印发《高等学校学生应征入伍服义务兵役国家资助办法》，将往届毕业生和入学新生纳入服义务兵役国家资助范围。2014 年 7 月，财政部、教育部、人民银行、银监会制定印发《关于调整完善国家助学贷款相关政策措施的通知》，提高年度国家助学贷款额度并调整学费补偿贷款代偿、退役士兵学费资助标准，相应标准提高到本专科生 8000 元、研究生 1.2 万元。2015 年 11 月，财政部、教育部、总参谋部印发《关于对直接招收为士官的高等学校学生施行国家资助的通知》，决定从 2015 年起，对直接招收为士官的高等学校学生（含定向生）实施国家资助。11 月，国务院印发《关于进一步完善城乡义务教育经费保障机制的通知》，从 2017 年春季学期起，统一城乡"两免一补"政策。2016 年 8 月，财政部、教育部印发《关于免除普通高中建档立卡家庭经济困难学生学杂费的意见》，决定从 2016 年秋季学期起，免除普通高中建档立卡家庭经济困难学生学杂费。12 月，教育部、国家发改委等六部门印发《教育脱贫攻坚"十三五"规划》，提出了"保障各教育阶段从入学到毕业的全程全部资助，保障贫困家庭孩子都可以上学，不让一个学生因家庭困难而失学"的目标。2017 年 4 月，财政部、教育部、人民银行、银监会印发了《关于进一步落实高等教育学生资助政策的通知》，进一步完善高等教育学生资助政策，实现无缝衔接。

三　大学生资助制度变革：从"助困性资助"走向"发展性资助"

（一）打破单纯物质扶贫观念，走出"助困性资助"僵局

大学生贫困资助的目标是使贫困生顺利完成学业并且实现自己的全面发展，这体现了结果的公平。四十年来，我国大学生资助制度体系虽不断完善，但资助过程基本集中于物质资助，也就是"助困性资助"，普遍的方式是发放国家奖学金、国家助学金、个人奖学金、学校奖学金、社会奖学金等。在学费和物质上保证贫困学子顺利完成学业，却忽略了更重要的"精神扶贫"，导致"物质扶贫"与"精神扶贫"脱节。因此，要打破对高校贫困学子单纯进行物质资助的观点，走出"助困性资助"的僵局，向"发展性资助"转化。

（二）强化育人功能，构建贫困生发展性资助体系

发展性资助是指以学生成长成才为导向，由学生自主设定发展目标和行动计划，学校给予学生一定经费支持与指导并进行结果考核，促进学生实现发展目标的资助。它是指在资助主体资助贫困生的活动中，以公平原则与效率原则为价值追求，以资助对象的发展与资助体系的发展为目标指向，以现代管理思想与管理方法为解决方案的高校贫困生资助观念形态。因此，家庭经济困难大学生发展性资助，是指高校以家庭经济困难大学生成长成才为导向，构建完备的资助方式，依据学生的家庭经济困难情况、综合素质、自主设定的发展目标和行动计划，科学决策个性化资助包，并采取相应的教育引导措施，促使学生实现自由、全面和充分发展的资助。

1. 资助育人

（1）坚持"以学生为本、为学生服务、助学生成才"的资助工作原则。这是高校开展学生资助工作的根本出发点和落脚点。要做到"以学生为本"，

需要从以下几个方面着手。一是充分搜集学生材料，建立贫困学生档案，全面了解他们的基本情况，让那些需要帮助的学生及时得到资助。二是事事从学生角度考虑，充分了解他们所面临的各种困难和疑惑，并及时为他们提供相应帮助。三是重视家庭经济困难学生的能力培养，根据他们自身特点和专业特长，有意识地引导和激发他们的能力，提高他们的自信心和竞争力。

（2）建立以"能力发展、素质提高"为核心的资助育人体系。"能力发展性资助"是在原有资助模式基础上，在资助内容、资助理念、资助形式、资助管理办法等几个方面进行拓展和更新。在经济上，以物质资助为基础帮助学生；在精神上，以自信、自强、自立为内容培育学生；在思想上，以感恩回报、服务社会的意识教育学生；在能力上，以实践实习、素质提高为手段锻炼学生，形成立体化的资助育人体系。

（3）改变过去直接进行经济资助的单一模式。要充分发挥资助的导向与激励作用，促进家庭经济困难大学生成长成才，须对现有资助方式的资金分配重新进行科学决策，同时高校要提足、用足学生资助专项经费，充分挖掘校友资源和社会资源，争取更多的资助经费，设置既有共性，又能体现个体发展差异性的完备的资助方式。《国家中长期教育改革和发展规划纲要（2010～2020年）》明确提出，要保障公民依法享有受教育的权利，重点扶持困难群体，合理配置教育资源，促进学生全面发展，着力提高学生服务国家、服务人民的社会责任感、勇于探索的创新精神和善于解决问题的实践能力。因此，完备的资助方式应充分体现资助的导向与激励作用，这涵盖以下三个方面的资助形式。一是对保障性资助的受助学生，明确提出综合素质（包括专业素质、文化素质、品德素质、社会工作、公益实践和身心健康等方面）的发展要求，进行"契约式"发展性资助。二是结合学校专业人才培养目标和要求，拓展能力培养型勤工助学岗位（如助研、助教和助管等）。三是围绕社会主义核心价值观教育，设置用于奖励自强自立、见义勇为、助人为乐、诚实守信、敬老爱亲等方面的模范的专项奖学金。通过资助育人观念，提高贫困学子的学习能力、实践和创新能力、社会适应能力和就业能力等，以促进其充分实现自身全面健康发展，为其将来摆脱贫困创造条件。

2. 精准资助

2013 年 10 月,习近平总书记到湖南湘西考察时做出了"实事求是、因地制宜、分类指导、精准扶贫"的重要指示,首次提出了"精准扶贫"的概念。2014 年 3 月,习近平总书记参加"两会"代表团审议时强调,要实施精准扶贫,瞄准扶贫对象,进行重点施策。进一步阐释了精准扶贫理念。2015 年 6 月,习近平总书记调研贵州省时强调要科学谋划好"十三五"时期扶贫开发工作,提出扶贫开发"贵在精准,重在精准,成败之举在于精准","精准扶贫"成为各界热议的关键词。

2017 年,党的十九大报告提出"健全学生资助制度,使绝大多数城乡新增劳动力接受高中阶段教育、更多接受高等教育",对大学生资助工作提出了更高的要求。随着《关于进一步落实高等教育学生资助政策的通知》《关于进一步加强和规范高校家庭经济困难学生认定工作的通知》等政策落地,学生资助范围不断扩大,资助工作要求更加精准有效。所谓"精准资助"是要为确保不让一个贫困生因家庭困难而失学,通过精准资助帮扶家庭经济困难学生,实现家庭经济困难学生资助全覆盖。一是对象要精准,建立家庭经济困难学生认定机制和认定办法。二是资助力度要精准,根据学生困难程度分档资助,不搞一刀切。三是发放时间要精准,在学生最需要的时候把资助资金发放到他们手中。要花好每一分钱,改大水漫灌为精准滴灌,充分尊重学生个人隐私,把资助工作做得更有精度、更有人情味。

要开展精准资助,一是与政策相结合,配套政策与监督方案要尽快出台。学生资助工作需要加强"精准资助"研究,需要加强综合评价指标体系建设,加强调查研究、随机抽查和深度访谈,建立领导约谈的长期运行机制,加强学生资助管理评价工作力度,建立学生资助评价常态化机制,保障中央资助政策和教育公平的有效推进,并不断提高我国教育扶贫和学生资助的发展水平。二是与大数据时代相融合,才能对资助对象把握更精准、经费使用更精准、资助方案更精准。精准资助有利于促进教育公平和社会公正,有利于促进学生教育和管理,运用大数据精准识别贫困生、精准资助、精准管理以及精准考核,大数据为高校贫困生资助工作提供了一个新的思路。另外，根据学生在校期间的数据记录，高校可以根据贫困学子个人数据制定个人扶贫方案，实现精准资助。

总之，我国改革开放四十年来，大学生资助政策体系越来越完善，资助投入经费总量和生均受助学生经费量逐步增长，助困性资助和资助育人并举，并纳入全国扶贫政策体系综合考虑，其发展趋势是与大学生创新创业结合，与受助大学生反哺家乡建设结合，充分体现出中国大学生资助政策的特色和社会主义制度的优越性。

参考文献

沈红、赵永辉：《美国高校学生资助政策变革及其效应》，《高等工程教育研究》2014 年第 4 期。

曲绍卫、纪效珲、范晓婷、曲垠娇：《我国省级高校大学生资助工作绩效评价研究》，《中国高等教育》2015 年第 1 期。

范晓婷、曲绍卫、纪效珲、周哲宇：《我国普通高中学生资助政策执行效果评估》，《教育科学》2015 年第 4 期。

曲绍卫、范晓婷、刘晶：《中国高校大学生资助绩效评估研究》，中国社会科学出版社，2016。

《中国教育发展与减贫研究》2018 年第 2 期

第 78～90 页

© SSAP，2018

充分发挥教师队伍
在教育扶贫中的主体作用

本刊编辑部

【摘　　要】开展教育扶贫是脱贫攻坚的治本之策。党的十八大以来，教育扶贫成效初显，广大教师功不可没。展望今后，教育扶贫任重道远，需要继续发挥教师队伍的"五个重要作用"，即参谋智囊作用、授业育才作用、励志鼓劲作用、对外支援作用和产业扶持作用。新的形势和任务给教师队伍建设提出了更高的标准和要求，必须壮大教师队伍，提升教师素质；提高教师的地位和待遇，维护教师的职业尊严和合法权益。要重视教育扶贫背景下的师德师风建设，按照习近平总书记提出的"四有"要求，大力倡导具有鲜明时代特色的师德师风，主要是爱党爱国，服务社会；忠诚教育，敬业进取；热爱学生，诲人不倦；自尊自律，廉洁从教；友善待人，团结共事。

【关 键 词】教育扶贫　教师队伍　尊师重教　师德师风

一　建设教育强国和开展教育扶贫凸显了教师的地位和作用

（一）开展教育扶贫是脱贫攻坚的治本之策

在一个国家的经济社会发展中，教育始终处在基础性、先导性、全局性地位，教育兴则国家兴，教育强则国家强。当今世界，综合国力竞争空前激烈。这种竞争说到底是人才竞争，人才已经成为推动经济社会发展的战略性资源。我们要实现"两个一百年"奋斗目标，实现中华民族伟大复兴的中国梦，归根结底靠人才、靠教育。习近平总书记在党的十九大报告中明确提出："建设教育强国是中华民族伟大复兴的基础工程，必须把教育事业放在优先位置，深化教育改革，加快教育现代化，办好人民满意的教育。""中国将坚定实施科教兴国战略，始终把教育摆在优先发展的战略位置，不断扩大投入，努力发展全民教育、终身教育，建设学习型社会，努力让每个孩子享有受教育的机会，努力让 13 亿人民享有更好更公平的教育，获得发展自身、奉献社会、造福人民的能力。"① 2018 年 9 月 10 日，习近平总书记在全国教育大会上再次强调："教育是民族振兴、社会进步的重要基石，是功在当代、利在千秋的德政过程，对提高人民综合素质、促进人的全面发展、增强中华民族创新创造活力、实现中华民族伟大复兴具有决定性意义。教育是国之大计、党之大计。"

集中全党全社会力量打一场脱贫攻坚战，是以习近平同志为核心的党中央，为实现全面建成小康社会的总体要求，从中国农村实际出发做出的一项重大战略决策。其目标是从 2015 年起，通过五年左右时间的集中帮扶，到 2020 年使我国当时农村 7000 万贫困人口全部脱贫，贫困县全部摘帽，解决区域性整体贫困问题。在帮扶方法和路径上，习近平总书记创造性地提出了"六个精准""五个一批"的要求。"五个一批"的其中之一，就是通过"教育扶贫脱贫一批"。2015 年 9 月 9 日，习近平总书记给"国培计划（2014）"北京师范大学贵州研修班参训教师的回信写道："扶贫必扶智，让贫困地区的孩子们接受良好教育，是扶贫开发的重要任务，也是阻断贫困代际传递的重要途径。"

教育扶贫具有很强的现实针对性，完全符合当前中国农村的实际。农村

① 《习近平：中国将努力发展全民教育、终身教育》，新华网，www. xinhuannee. com/politics/2013 - 09/26/c - 117522229. htm，2013 年 9 月 26 日。

一部分群众所以陷入贫困，根子在于教育的缺失。表现在两个方面，一是城乡教育发展不平衡，教育不公平，致使一些贫困家庭的孩子上不起学，或是接受不到高质量的教育。二是农村部分群众受社会上追逐眼前利益的影响，认为"读书无用"，轻视孩子上学，一些农村孩子也沾染了浮躁之风，自暴自弃，不好好学习。由于这两个原因，导致农村一部分劳动力文化水平低、能力素质弱，找不到就业创业的门路，拔不掉穷根儿，甚至使贫穷代代相传。因此，迫切需要开展教育扶贫。这是最有力、最有效，能够起长远作用的扶贫，是彻底摆脱贫困的治本之策。所谓教育扶贫，就是通过加大公共教育投入向中西部和民族边远贫困地区的倾斜力度、对贫困家庭学生实行从入学到毕业的全程资助、加强教育发达地区与教育薄弱地区的对口帮扶、办好各类职业院校、广泛开展公益性职业技能培训等一系列重大举措，实现建档立卡等贫困人口教育基本公共服务全覆盖，保障贫困家庭孩子都可以上学，每个人都有机会通过职业教育、高等教育或职业培训实现家庭脱贫，教育服务区域经济社会发展的能力显著增强。

（二）教育扶贫成效初显，广大教师功不可没

百年大计，教育为本；教育大计，教师为本。无论是建设教育强国，还是开展教育扶贫，都必须紧紧依靠广大教师的智慧和力量，充分发挥他们的主观能动作用。教育事业离不开各级党委、政府的坚强领导。只有各级党委政府都来重视教育，加大对教育的投入，教育发展和教育扶贫才能保证正确方向，才有可靠的组织领导和人力、物力、财力保障。教育发展和教育扶贫也离不开人民群众的力量，只有大家都能理解教育、支持教育，教育发展和教育扶贫才有良好的环境和条件。但是我们必须明了，教育发展和教育扶贫的主体力量是教师，只有广大教师勇敢地担当起自己的责任，积极主动地投身于教育扶贫之中，教育扶贫才能最终落到实处。因为提高贫困地区的教育水平和教育质量最终靠他们发愤图强去努力，贫困家庭孩子的学习热情最终靠他们苦口婆心去调动，贫困家庭的学生最终靠他们呕心沥血去培养，农村贫困劳动力所急需的知识和技能最终靠他们不厌其烦地去灌输。

党的十八大以来，经过上上下下共同努力，教育扶贫初见成效。国家制定的学前教育三年行动计划、农村义务教育学生营养改善计划、全面改善农村义务教育薄弱学校基本办学条件计划、面向贫困地区定向招生专项计划、乡村教师生活补助政策等一系列教育扶贫政策得到认真贯彻，贫困地区教育事业发展取得明显进步，教育惠民、富民作用得到了较好发挥。全国有数百万个贫困家庭出现了"第一个大学生"，更多贫困家庭学生有机会接受高质量的教育，为他们改变命运、实现人生出彩创造了条件。通过接受教育，贫困人口获得了知识和技能，就业能力明显增强，中、高职毕业生就业率达到90%以上，农村青壮年劳动力的质量也有明显提升，为贫困地区兴办各类产业、加快经济发展提供了重要人才支撑。

在教育扶贫过程中，教师队伍发挥了重要作用。北京大学、清华大学等54所高校发出《高校参与脱贫攻坚倡议书》，带动更多高校深度介入教育扶贫工作，努力打造教育扶贫培训平台、互动平台、交流平台、公益平台，开展贫困地区教师培训，提高当地教学水平；开展贫困地区民众技能培训，提升当地民众脱贫致富的技能和本领；开展贫困地区农村基层干部培训，助力提高基层干部能力；开展贫困地区乡村医生培训，助力提高医疗卫生水平。北京师范大学等高校发起了"中国好老师"公益行动计划，以"行公益大爱，筑百年梦想"为主题，以帮助贫困地区提升育人能力为核心，利用城市学校的优质教育资源，与中西部教育发展薄弱地区的学校结对帮扶，助力教育扶贫和"四有"好老师的培养。全国已有3500多所学校加入"公益行动"，与贫困地区的185所学校成功结对。贫困地区的学校也发扬自强自立的精神，积极投身教育扶贫之中。青海省玉树州红旗小学的老师们，在灾后重建过程中，始终以发展振兴牧区教育为己任，以藏语、汉语、英语三语并进为特色课程，以"课堂育人、活动育人、特色育人"为抓手，尽全力扶持贫困家庭的孩子成人成才，受到藏汉群众的一致好评。

在教育扶贫过程中，有许多教师的表现可圈可点。有的不计个人得失，义务为农民科技知识培训班授课，不仅在课堂上讲，还在课下"一对一"解疑释惑。有的不惧艰难困苦，主动到贫困地区任教或支教。出生在大别山腹地河南省信阳市浉河区董家河镇的李芳，从信阳师范学校毕业后，主动要求回到农村当小学教师，一干就是 29 年，其间曾因并校在几所小学校间调动，但始终没有离开乡村小学的讲台。在城里结婚生女之后，她周一来周五走，每周坐公交在三十多公里的崎岖山路上颠簸两趟，十分辛苦。即使这样，也不曾动摇。2016 年 6 月 11 日，她为护送放学的学生过马路，遭失控农用车冲撞献出了自己的宝贵生命。2018 年 7 月，教育部追授李芳为 "全国优秀教师"。江苏省盐城市滨海县永宁路试验学校教师王爱珍到本县农业园区的一个小学教学点支教后，面对全校只有两个班级两名老师、教学条件简陋、学生基础薄弱等现实，不怕苦，不叫难，一个人承担了一个年级的全部学科，音乐、美术、体育现学现教，宁愿自己多加班、少睡觉，也不让一个贫困家庭学生和学习吃力学生掉队，最终使全班学生的学习成绩明显提升。还有不少教师主动参与学校定点扶贫和对口支援，利用个人所掌握的专业知识和优长，在加强决策咨询服务、助推特色产业发展、提高公共卫生服务水平、推进乡风文明建设等方面，给贫困地区干部群众提出了许多很有价值的意见和建议，并在力所能及的范围内为老百姓办了不少好事实事。陕西省渭南市合阳县黑池镇南廉小学教师秦现堂，在自己年近 60 岁，妻子患脑溢血生活不能自理，儿子常年在外打工的情况下，响应上级号召，与本镇保宁村贫困户赵增信家结为帮扶联系户，帮助赵家种上了见效快、收益好的花椒和黄花菜，还亲自为赵家患腰疼病的儿子寻医找药。在他的帮助下，赵家生活条件得以改善，儿子也能出去打工了，一家人终于有了欢笑。实践证明，我们的广大教师确实是教育扶贫中不可或缺的主力军，是一支值得党和人民高度信任、值得全社会充分尊重的队伍。

（三）教育扶贫任重道远，需要继续发挥教师队伍的五个作用

根据教育部等六部门印发的《教育脱贫攻坚 "十三五" 规划》，教育扶贫面临 "五项重点任务"，即夯实教育脱贫根基、提升教育脱贫能力、拓宽教育脱贫通道、拓展教育脱贫空间、集聚教育脱贫力量。要完成这五项重点任务，哪一项也离不开广大教师的努力。从这几年教育扶贫的经验看，至少

应当发挥教师队伍的五个作用。一是参谋智囊作用。对教育最有发言权的是教师。大到一个地区教育发展和教育扶贫的重大决策部署，小到一个学校如何落实教育扶贫的各项要求，都应充分听取和吸纳广大教师的意见建议。二是授业育才作用。这是教师的主责和主业。应当引导和鼓励广大教师以对教书育人的不懈追求和对贫困学子的大爱情怀，千方百计提高其个人教学能力和水平，努力把更多的贫困家庭学生培养成高素质人才，为他们改变个人和家庭命运奠定基础、创造条件。还要圆满完成上级赋予的农民培训任务，帮助他们掌握脱贫致富本领。三是励志鼓劲作用。教师既是科学文化知识的传授者，又是学生思想观念的引导者，不仅扶智还要扶志。要充分发挥广大教师会说理、有耐心，与学生及家长联系密切的优势，依靠他们做好贫困家庭学生及家长的思想动员工作，鼓励贫困学子发奋读书、立志成才，引导家长支持孩子上学读书。四是对外支援作用。鼓励在职教师克服个人困难，积极参加上级安排的上山下乡支教助学任务。支持身体条件允许的退休优秀老教师参与"银龄讲学"计划，到边远地区支教讲学、帮带年轻教师。五是产业帮扶作用。利用普通高等院校和职业技术院校的学科优势和教师的专业特长，到贫困农村开展"定点扶贫"或对口支援，采取出点子、传技术、解难题等多种途径，帮助贫困村、贫困户发展特色产业，助力农民脱贫致富。还可以帮助贫困农村保护生态环境，发展医疗卫生事业，培育良好乡风家风，为建设美丽乡村贡献一分力量。

二　适应教育扶贫需要打造过硬教师队伍

教师是立教之本、兴教之源，强国必先强师。早在古代，中国的有识之士就说"国将兴，必贵师而重傅"。今天，以习近平同志为核心的党中央更加重视和关心教师队伍建设。2018年1月20日，中共中央、国务院专门制定下发《关于全面深化新时代教师队伍建设改革的意见》。2018年9月10日，习近平总书记在全国教育大会上深刻指出："教师是人类灵魂的工程师，是人类文明的传承者，承载着传播知识、传播思想、传播真理，塑造灵魂、塑造生命、塑造新人的时代重任。全党全社会要弘扬尊师重教的社会风尚，努力提高教师政治地位、社会地位、职业地位，让广大教师享有应有的社会声望，在教书育人岗位上为党和人民事业做出新的更大的贡献。"无论是建设教育强国，还是搞好教育扶贫，教师都是一支无可取代的主力军。即使是区域性整体贫困问题解决了，相对贫困的区域和相对贫困的人群依然存在，教育扶贫任重而道远。因此，我们必须从战略和全局的高度认识教师工作的重要意义，把加强教师队伍建设作为一项重大政治任务和根本性民生工程来抓。

（一）壮大教师队伍，提升教师素质

认真落实《中共中央、国务院关于全面深化教师队伍建设改革的意见》，适应加快推进教育现代化、城乡教育一体化发展改革和教育扶贫的新形势，盘活事业编制存量，优化编制结构，增加中小学教师总量，以满足教育快速发展需求。实行义务教育教师"县管校聘"，优化义务教育教师资源配置。采取定向招生、定向培养、定期服务等方式，培养"一专多能"教师，优先满足老少边穷地区教师补充需要。鼓励和支持乐于奉献、身体健康的退休优秀教师到乡村和基层学校支教讲学。适当提高中小学中级、高级教师岗位比例，畅通教师职业发展通道。在职业院校专设流动岗位，吸引具有创新实践经验的企业家、高科技人才、高技能人才兼职任教，建设一支高素质双师型的教师队伍。适应人才培养结构调整需要，优化高等学校教师结构，积极聘用具有其他学校学习工作和行业企业工作经历的教师。努力提升师范院校和师范专业办学水平，吸引优秀青年踊跃报考师范院校和师范专业。支持高水平综合大学开展教师教育，创新教师培养形态，突出教师教育特色，造就学科知识扎实、专业能力突出、教育情怀深厚的高素质复合型教师。增加教育硕士招生计划，向中西部地区和农村地区倾斜。加强紧缺薄弱学科教师、特殊教育教师和民族地区双语教师培养。加强乡村中小学校长培训，努力造就一支政治过硬、品德高尚、业务精湛、治校有方的校长队伍。我们要通过这些努力，在中国培养造就数以百万计的骨干教师、数以十万计的卓越教师、数以万计的教育家型教师，使教师队伍从数量到质量都能够满足教育扶贫需要，并有能力服务于创新型国家和人才强国建设。

（二）切实提高教师的地位和待遇

《中共中央、国务院关于全面深化新时代教师队伍建设改革的意见》明确提出：教师承担的是国家使命和公共教育服务的职责，公办中小学教师是国家公职人员的一部分，要提升教师的政治地位、社会地位、职业地位，吸引和稳定优秀人才从教。要完善中小学教师待遇保障机制，确保中小学教师平均工资收入水平不低于或高于当地公务员平均工资收入水平。要大力提升乡村教师待遇，全面落实集中连片特困地区乡村教师生活补助政策，依据学校艰苦边远程度实行差别化补助，鼓励有条件的地方提高补助标准，努力惠及更多乡村教师。加强乡村教师周转宿舍建设，将符合条件的教师纳入当地住房保障范围，让乡村教师住有所居。要维护民办学校教师权益，保障其福利待遇和其他合法权益。要推进高等学校教师薪酬制度改革，在收入分配机制上体现以增加知识价值为导向。要提升教师社会地位，大力宣传教师中的"时代楷模"和"最美教师"，因地制宜开展多种形式的教师表彰奖励活动。鼓励社会团体、企事业单位、民间组织对教师出资奖励。中央确定的这些基本原则和重大政策，充分体现了"以人民为中心"的思想，体现了党和国家对教师的关心和厚爱。各地应当紧密结合各自实际，拿出让广大教师看得见、摸得着的具体方案，并制定出时间表，将其落实到每一所学校、每一名教师。

（三）坚决维护教师的职业尊严和合法权益

认真执行《教育法》《高等教育法》《教师法》等法律法规，把教师在学校的主体地位明确下来、落实到位。完善教师参与治校治学机制，干部选拔任用、专业技术职务评聘、学术评价和各种评优选拔活动，都要充分保障教师的知情权、参与权、表达权和监督权，努力做到公平公正。充分尊重教师的专业自主权，保障教师依法行使学术权利和学业评定权利。保护教师正当的申辩、申诉权利，维护教师合法权益。要关心教师身心健康，及时安排他们体检、休假。对外出支教的教师，学校要经常到其家庭看望，帮助解决生活遇到的各种困难，让他们感受到组织的关怀和温暖，安心支教，热心支教。

教师是人类历史上最古老、最伟大、最神圣的职业之一，我国尊师重教的传统由来已久。今天，我们面临教育扶贫这样一个重大历史课题，教师的责任愈加重大、作用愈加突出、工作愈加艰辛。全社会都应当关心教师、尊重教师、爱护教师，让广大教师在岗位上有幸福感、事业上有成就感、社会上有荣誉感，教师成为备受尊重、让人羡慕的职业，形成优秀人才争相从教、教师人人尽展其才、好教师不断涌现的良好局面。值得注意的是，随着商品交换原则的泛滥和人们价值观念的偏移，社会上有些人对老师不那么尊敬了，甚至有人抓住个别教师发表的有争议的言论，肆意在网上侮辱教师人格，把教授称之为"叫兽"。这是需要坚决反对和纠正的，绝不能允许这种歪风邪气发展蔓延。

三 重视教育扶贫背景下的师德师风建设

（一）道德滑坡的客观现实呼唤良好师德师风的回归

自有了教师这个职业，就有了师德师风问题。北师大的校训"学为人师，行为世范"，是对师德师风的最好概括。"师者，传道、授业、解惑也"。教师是教人怎样做人的人，这就要求一个合格的教师，一方面必须具备足够的知识积淀，有资本、有能力给学生讲课，解答学生提出的疑问；另一方面还必须具有高尚的道德情操，以良好的自身形象教育和影响学生。因此，教师不仅是知识的传播者、智慧的启迪者，更是道德的实践者和示范者。在教育扶贫的大背景下，对师德师风提出了更高的标准和要求。由于受到市场经济负面因素的侵蚀影响，当前一部分教师的师德师风出现了一些偏差。有的教师看到社会上有人先富起来，心理不平衡，见异思迁，弃教跳槽的事时有发生；有的教师受拜金主义和享乐主义思潮的影响，课堂上讲课不卖力，热衷于当家教捞外快；有的教师对学生缺乏感情，管教方法简单粗暴，一些地方发生了幼儿园和中小学教师打骂体罚学生事件。这些问题的存在，损害了教师的良好形象，影响了教师与学生及学生家长的关系，不利于教育事业的健康发展，应当认真加以解决。

（二）倡导具有鲜明时代特色的师德师风

师德师风问题，说到底是如何对待国家、如何对待事业、如何对待学生、如何对待自己、如何对待同事的问题。2014 年 9 月 9 日，习近平总书记在视察北京师范大学时，明确提出一个好老师要做到"四有"，即"有理想信念、有道德情操、有扎实学识、有仁爱之心"。2018 年 1 月 20 日，中共中央、国务院下发《关于全面深化新时代教师队伍建设改革的意见》，强调"把提高教师思想政治素质和职业道德水平摆在首要位置，把社会主义核心价值观贯穿教书育人全过程，突出全员全方位全过程师德养成，推动教师成为先进思想文化的传播者、党执政的坚定支持者、学生健康成长的指导者"。2014 年 9 月 10 日，教育部发布《关于建立健全高校师德建设长效机制的意见》，提出要"引导广大高校教师自尊自律自强，做学生敬仰爱戴的品行之师、学问之师，做社会主义道德的示范者、诚信风尚的引领者、公平正义的维护者"。2011 年 12 月 23 日教育部 、中国教科文卫体工会全国委员会印发《高等学校教师职业道德规范》，提出高校教师要做到六条："爱国守法、敬业爱业、教书育人、严谨治学、服务社会、为人师表。"习近平总书记的重要指示和党中央、国务院的有关要求，为新时代应当树立什么样的师德师风指明了方向，提供了基本的依据和遵循。笔者认为，就整个教师队伍而言，新时代的良好师德师风，可以集中概括为以下五个方面。

1. 爱党爱国，服务社会

我国是中国共产党领导的社会主义国家，教育工作的根本任务是培养社会主义的建设者和接班人。人民教师首先要有正确的政治追求，做到爱党爱国、服务社会。这是新时代师德师风的灵魂。要深入学习领会习近平新时代中国特色社会主义思想，坚定理想信念，树立正确的历史观、民族观、国家观、文化观，坚定中国特色社会主义道路自信、理论自信、制度自信、文化自信。坚决拥护以习近平同志为核心的党中央，自觉在思想上、政治上、行动上同党中央保持高度一致。要把个人命运同国家命运紧密联系起来，扎根中国大地，关心国家大事，积极担当社会责任，主动承担教育扶贫任务，满腔热情地为国家为人民贡献自己的智慧和力量。

2. 忠诚教育，敬业进取

爱岗敬业、献身教育是师德的基本要求。教师所以最受人们尊敬，就是因为他们像蜡烛那样照亮了别人，燃烧了自己。教师要始终忠诚党和人民的教育事业，执着于教书育人，树立"三寸粉笔，三尺讲台系国运；一颗丹心，一生秉烛铸民魂"的高尚境界，"执着于教书育人，有热爱教育的定力、淡泊名利的坚守"。新形势下，面对窗外的灯红酒绿，教师更应该以陶行知先生"为一大事来，做一大事去""捧着一颗心来，不带半根草去"的精神激励自己，坚定选择为教育事业奉献青春的人生之路，只讲奉献，不求索取，敬业乐业，把自己的乐趣和幸福建立在学生身上，建立在教育工作中。

扎实的知识功底、过硬的教学能力、勤勉的教学态度、科学的教学方法是老师应当具备的基本素质。当今社会新知识、新观念、新理论不断涌现，青少年学生知识来源渠道之宽、掌握知识能力之强也早已超出人们的预料。教师必须始终处于学习状态，站在知识发展前沿，刻苦钻研，锐意进取，不断充实、拓展、提高自己。只有这样，才能跟上时代前进的脚步，才能适应培养新一代社会主义事业接班人的需要。

3. 热爱学生，诲人不倦

教师对学生的爱，是师德的核心，也是教育永恒的主题。正如高尔基所说："只有爱孩子的人，他才可以教育孩子。"教师要把自己的温暖和情感倾注到每一个学生身上，用真情、真心、真诚拉近同学生的距离，使自己成为学生的好朋友和贴心人。要亲近、了解学生，知道他们在干什么、想什么、需要什么，尽自己最大努力给学生提供帮助。要尊重学生的个性，理解学生的情感，包容学生的缺点和不足，善于发现每一个学生的长处和闪光点，让所有学生都成长为有用之才。要平等对待每一个学生，绝不可以"嫌贫爱富"，疏远和歧视贫困家庭的学生。

4. 自尊自律，清廉从教

自古以来，中国的知识分子就注重养涵修身，追求完美品行。新时代的人民教师，更应当严于律己，以身作则，为人师表。在教育教学活动中要遵守政治原则，把握正确方向，防止违背党的路线方针政策的言行；在登记个人信息、申报或发表科研成果中要坦荡无私、求真务实，防止弄虚作假，杜绝抄袭剽窃、篡改侵吞他人学术成果的行为；在招生、考试、学生推优、保研等工作中要公平公正、公开透明，防止徇私舞弊行为；在参与教育扶贫过程中，要遵规守纪、廉洁自律，防止出现私自收受被帮扶单位和个人财物，或是借机让被帮扶单位和个人为自己办私事等问题。

5. 友善待人，团结共事

教师要想得到社会的尊重，首先要做到内部互相尊重。特别是在教育扶贫过程中，一部分教师离开岗位到边远地区支教，原有的工作需要留在学校的教师来承担，还有一些教育扶贫的任务不是哪一个人所能办得了的，要靠大家协作完成。在这种情况下，尤其需要团结共事。要打破"同行是冤家"的魔咒，互相取长补短，互相支持帮助，同心同德完成教书育人和教育扶贫的光荣任务。要有宽容之心，正确处理相互间的所谓竞争关系，豁达一些，大度一些；要正确处理历史旧账，勇于摒弃过去的恩恩怨怨；要正确处理个人与他人的利益关系，勇于做出必要的牺牲和让步；要保持谦和之风，正确地估价自己，恰当地评价别人，虚心向别人学习。

（三）加强师德师风建设，离不开强有力的思想政治工作

要通过学习教育，引导广大教师以德立身、以德立学、以德施教、以德育德，坚持教书与育人相统一、言传与身教相统一、潜心问道与关注社会相统一、学术自由与学术规范相统一，争做"四有"好教师。要注意发掘师德典型、讲好师德故事，充分发挥先进典型的引领、感召作用，形成强大正能量。要加强师德师风的检查监督，强化师德考评，体现奖优罚劣，推进师德师风建设长效化、制度化。

参考文献

2014 年 9 月 9 日，习近平同北京师范大学师生代表座谈时的讲话，人民网，http://politics.people.com.cn/n/2014/0910/c70731 - 25629093.html。

中共中央、国务院：《关于全面深化教师队伍建设改革的意见》，2018 年 1 月。

教育部等六部门：《〈教育脱贫攻坚"十三五"规划〉的通知》，2016 年 12 月。

教育部：《关于建立健全高校师德建设长效机制的意见》，2014 年 9 月。

教育部、中国教科文卫体工会全国委员会：《高等学校教师职业道德规范》，2011 年 12 月。

《中国教育发展与减贫研究》2018 年第 2 期
第 91~98 页
© SSAP，2018

教育扶贫的家庭教育政策路径

周秀平

【摘　　要】本文首先从理论和政策分析两个角度梳理"家庭教育"与"教育贫困"的关系，随后分析教育扶贫政策的直接干预路径和间接干预路径，最后结合案例调研的发现提出进一步优化教育扶贫政策体系，着重加强间接型教育扶贫政策工具，完善家庭教育政策的建议。

【关 键 词】教育扶贫　家庭教育　政策工具

【作者简介】周秀平，博士，清华大学公共管理博士后，北京师范大学中国教育与社会发展研究院副教授，研究方向为职业教育政策、流动儿童青少年教育权益保障。

家庭是人生的第一个课堂、第一所学校，父母是孩子的第一任老师。教育、妇联等部门要统筹协调社会资源支持服务家庭教育。全社会要担负起青少年成长成才的责任。要在学生中弘扬劳动精神，教育引导学生崇尚劳动、尊重劳动，懂得劳动最光荣、劳动最崇高、劳动最伟大、劳动最美丽的道理，长大后能够辛勤劳动、诚实劳动、创造性劳动。教育是阻断贫困代际传递的治本之策，治贫先治愚，扶贫先扶智。可见，通过完善家庭教育政策，鼓励、引导、帮助贫困家庭成员特别是儿童青少年树立起劳动脱贫、劳动致富观念，是可持续性消除贫困的"根与本"。家庭教育扶贫政策不仅是教育扶贫政策的有机组成部分，也是有效的教育扶贫手段。

一 家庭教育与教育贫困

（一）家庭教育显著影响教育不平等和教育贫困

社会学、教育学、公共管理等多个学科的学者，围绕家庭对教育不平等的影响展开了大量的实证和规范性研究，一致认为家庭是影响个体教育获得、教育成就的显著因素。家庭因素通过直接或间接的关系，影响到家庭教育质量，在学校教育的中介作用下，加剧、固化了绩优生和绩差生之间的分化和代际传递，继而巩固了教育成层。家庭对教育的影响因素主要有家庭总收入、家庭社会网络，父母的文化程度、政治身份及其对子女的教育观念、家庭结构等。经典的社会分层模型邓肯地位获得模式着重描述了父亲的社会经济地位、文化水平等对子女教育获得的影响，但这一理论模型无法有效解释乡村中国家庭教育的阶层分化和教育不平等，但其有效地解释了我国教育获得的城乡差异和城市教育分层。

家庭教育对教育不平等和教育贫困的影响非常需要政策干预，但一直很少为政策特别是教育政策多关注。刘精明基于第三、四、五次中国人口普查数据，对 1976～2000 年的中国基础教育机会不平等的实证检验的结果表明，内生性家庭资源导致的教育不平等是持久且稳定增长的，因为它较少受到外部社会条件和社会过程的干预。内生性资源主要体现为家庭结构、家庭文化资本、父代的年龄、祖父母是否共同生活等，它们会影响到儿童的日常生活和教育条件。通过影响父母的教育期待，能够对子女的学习产生积极影响。即使在不改变家庭收入和父母受教育水平的条件下，只要提高父母的教育期望和家庭学习资源，流动儿童的学业成就提高了。教育扶贫的基点在家庭，"精准"首先要瞄准扶贫对象的内心，让教育的力量进入家庭，助力"家庭内在力量的生长"。父母的缺席特别是母亲不在场的家庭教育的影响是灾难性的。

（二）作为公共事务的家庭教育逐渐成为教育政策的组成部分

一直以来，"家庭教育"被视为私人事务，被视为父母"天然"的法律责任。部分教育研究把家庭教育简单理解为"父母对于子女的批评、指导、培养和管理等活动"。家庭教育只是家庭内部的事情，家庭教育的任务就是学习生活技能、处理家庭人际关系，更多的是学前孩子的教育等。家庭教育的内容主要是规范家庭内部夫妻、父母与子女间的社会关系，防范未成年人失足，聚焦"思想道德建设"。家庭教育的关系是较为单一的父母教导子女。同时父母部分接受来自妇联等政府工作人员、学校及教师等关于"科学"开展家庭教育的理念和方法指导。

随着社会分工的进一步发展，随着学校在社会分工体系中专业化地位的形成和上升，当代的学者、决策者以及社会公众对家庭教育的认知发生了根本变化，将其从私人事务上升为社会事务，并通过立法对父母、学校及政府的教育权利与义务进行明确规范调整。新修订的《教育法》第十九条规定："各级人民政府采取各种措施保障适龄儿童、少年就学。"适龄儿童、少年的父母"有义务使适龄儿童、少年接受并完成规定年限的义务教育"。第五十条规定未成年人的父母"应当为其未成年子女或者其他被监护人受教育提供必要条件"。"应当配合学校及其他教育机构，对其未成年子女或者其他被监护人进行教育。"同时要求学校、教师可以对学生家长提供家庭教育"指导"。家庭教育从主要由妇联承担的群团工作转变为由妇联、教育等多部门协同推动的专门性政府工作。家庭教育的立法进程也日渐深入。从家庭教育工作的"九五"计划开始，家庭教育政策体系更加完善，涉及价值定位、框架体系、主要内容、工作队伍等多方面内容，并逐渐影响到与家庭教育相关的未成年人保护、未成年人预防犯罪，妇女儿童、母婴保护，精神文明建设等。2015 年，教育部颁布《关于加强家庭教育工作的指导意见》。该意见将家庭教育纳入教育系统工作，重申了"家长在家庭教育中的主体责任"和"学校在家庭教育中的重要作用"，家庭教育政策成为教育政策体系的专门组成部分。

二 教育扶贫政策的直接干预路径

（一）直接干预型教育扶贫政策特点

第一，基于"建档立卡"数据。中共中央、国务院《关于打赢脱贫攻坚战的决定》提出的教育扶贫实现路径被描述为"让贫困家庭子女都能接受公平、有质量的教育"。《教育脱贫攻坚"十三五"规划》指出，以国家扶贫开发工作重点县和集中连片特困地区县及建档立卡等贫困人口为重点，包含非建档立卡的农村贫困残疾人家庭、农村低保家庭、农村特困救助供养人员。实现"人人有学上、个个有技能、家家有帮扶、县县有帮扶"，促进"教育强民、技能富民、就业安民"。"到 2020 年，实现'建档立卡'等贫困人口教育基本公共服务全覆盖政策目标。"教育扶贫的最终目的，不只是通过教育帮助"贫困人口和贫困地区"减贫脱贫，还包括通过起点公正、过程公正和结果公正实现"贫困地区和贫困人口"的教育分配正义和关系正义。

第二，通过学校的贫困学生瞄准贫困家庭开展教育扶贫工作，具体的政策措施包括提供学费和生活费资助、建立园舍、倾斜性给予重点大学入学机会等。保障各教育阶段的"建档立卡"贫困学生从入学到毕业的全程全部资助，保障贫困家庭孩子都可以上学，不让一个学生因家庭困难而失学。江苏无锡自 1997 年以来，先后投入 6700 多万元，帮助新疆阿合奇县建设 10 多个教育项目，援建陕西延安 403 个希望工程项目；累计资助 2698 名当地贫困学生完成学业。截至 2018 年 8 月，江西上栗县共发放教育扶贫资金254.82 万元，资助困难学生 3180 人。甘肃在 58 个贫困县新建 939 所幼儿园。2017 年，普通高校面向贫困地区贫困学生的招生规模增长到 6.3 万人。直接瞄准贫困学生的教育扶贫发挥了积极作用。

（二）直接干预型教育扶贫的政策优劣势

以学校为瞄准单位，靶向瞄准贫困学生的精准教育扶贫，通过教育起点公平、教育过程公平和教育结果公平促进了整体的教育公平和社会公平。直接干预型教育扶贫政策的优势一是在于操作程序清晰、简单，效果明显、可测量性强。从程序上来看，只需要将扶贫部门的"建档立卡"数据与教育数据对接，遴选出其中的贫困学生，发放相应的政策补贴或降低其入学分数线即可。但是这一做法，更多的是针对贫困家庭的绩优生，对绩差生而言，降低分数线进入优质大学并不能明显改善其受教育的成就，减免学费，仍不足以吸引他们高质量完成义务教育和高中阶段教育。对学习时间长、技能水平要求高，当然教育效益也更高的职业技能培训和教育，贫困人口的参与积极性也很低。"部分学员可能在基层接受别人帮扶的情况比较普遍，心态不端正，认为这是政府应该资助他们的。""来到学院后不及时调整心态，没有紧迫感，得过且过"，并没有认真学习职业技能。为此，需要进一步深入分析贫困学生的教育需求及与教育相关的家庭环境因素，分析贫困人口的技能培训和教育需求，优化教育扶贫政策工具体系，发挥好间接干预型教育扶贫政策工具的作用。

三　间接干预型教育扶贫的家庭教育政策路径

教育扶贫绝不只是教育部门的工作，扶贫、妇联等部门的扶贫工作中涉及儿童青少年学习的家庭工作，需要纳入整体的教育扶贫政策分析和政策实施。

（一）间接干预型教育扶贫政策特点

第一，教育扶贫政策瞄准单位从单一的学校和学生瞄准转变为结合贫困学生与其家庭的家户瞄准。从贫困的内涵来看，教育贫困属于相对性的能力贫困，在多维贫困概念中，教育贫困既是扶贫的手段，也是扶贫的内容。在经历以县域、村域为单位的减贫政策变迁后，以"家户"为单位的减贫政策成为多个国家和地区的主要举措。在中国，流动儿童、留守儿童，特别是贫困家庭中的这两类儿童青少年的教育贫困问题，因为家庭视角的缺位而更加凸显。儿童青少年能否与父母共同生活并得到必要的家庭教育是包含教育扶贫政策在内的教育决策和政策完善有必要重点分析和设计的内容。

第二，在干预手段上，在经费资助、倾斜性优质教育机会供给基础上，纳入"家庭教育指导"措施，完善家庭教育环境。从教育不平等、教育贫困形成的因素来看，家庭教育的不足和缺位是加大教育差距、加深教育贫困的重要因素。家庭教育环境中的首要因素是"事实不完整家庭"，民政部的统计显示，以 2014 年为拐点，离婚率首次超过结婚率，2016 年离婚率达到 3.0‰。据不完全统计，从年龄结构看，目前全国 22～35 岁人群已经成为离婚主力军，"70 后""80 后""90 后"成为离婚高发人群。父亲流动、母亲流动、父母均流动，以及离婚造成的留守、重组家庭、联合家庭等，带来了"事实不完成家庭"数量的激增。这种家庭教育环境的负面影响是"灾难性的"。长时间的两地分居是恶化农村夫妻关系的重要因素，因此，如何吸引有子女的农民工稳定回流，是缓解留守儿童、流动儿童教育难题，激发贫困学生学习信心，培养其良好学习习惯的有效手段。

第三，在教育扶贫的内容上融入"素质教育"理念，重在提高贫困学生及其家庭的终身学习理念和学习能力，而非"应试教育"观念指引下的升学教育。纳入"家庭视角"的间接型教育扶贫，绝不只是为了简单的提高贫困学生的"成绩"，尽管这一政策举措确实能产生这样的效果，更重要的是运用柔性的理念、方法和具体工具，将教育扶贫、自我"增能"以可持续扶贫、脱贫，进而阻断贫困代际传递。从生命发展的视角来看，教育的本质就是为了提高生命质量和提升生命价值。个体自身不仅要生活得有尊严和幸福，也要为社会和人类做出有价值的贡献。

（二）完善家庭教育环境，提升可持续性间接干预型教育扶贫效果的建议

第一，吸引农民工返乡，促进留守儿童"家庭教育结构"的完整。增强农民工的人力资本的积累意愿，促进技能富民。其中最重要的是切实保障技能、知识与收入增长挂钩。返乡人员在户籍地每月能够稳定在 4000～6000 元的收入，则返乡意愿更坚定。因地制宜布局环境友好型、技术技能和劳动密集型的产业，提升人口流出地技能型岗位的薪酬吸引力。鼓励、允许农民工将自身的技术技能、知识产权等折价纳入企业注册资本。同时，扩大他们直接接受优质职业教育、创业培训的机会。一方面整合地方各类教育培训平台。充分利用闲置校舍、县域职业培训机构，建立规范化、多样化的农村职业教育培训体系，重点加强技术性强、长短期结合、增收效果明显的职业教育培训力度。另一方面整合各类教育培训计划。突破部门局限，建立覆盖全社会各级各类教育的信息系统。

第二，优化流动儿童基础教育阶段的政策体系，促进流动期间"家庭教育结构"的完整。减少留守儿童数量、缩短留守时间。依据全国中小学电子学籍系统，将流动儿童、留守儿童的数量与流动趋势情况纳入教育规划。瞄准义务教育阶段进入和未进入公办学校的随迁子女，在"两纳入"基础上逐渐提升至"两基本"（基本在流入地，基本在公办中、小学校）。将义务教育补助范围扩大到全部在校生，"生均教育经费"允许抵扣就读于民办学校的部分学费。调整高中阶段随迁子女就地升学政策条件，如加强随迁子女家长工作、住房、社会保障年限和类型等政策标准的论证，由中央依据教育规划和基础教育自身规律的要求统一确定政策底线，如不高于 4 年的学籍年限、半年或一年以上的实际居住年限。跨省流动参照输入地省级教育政策管理、省内流动统一标准。通过家长学校、家庭教育指导工作机制，向家长宣传、讲解务工所在地的教育、社保政策，帮助家长制定可行、有效的随迁子女教育计划。

第三，发挥学校的社会功能，"指导"家长提升家庭教育能力。一方面要加强家长和学校间的联系和互动。如鼓励、引导社区居民更好地配合教师的教育教学安排，支持参与解决学校日常建设和管理的个性化难题。如提供信息和物料、参加义务劳动、参与财务和质量监督等。鼓励教师利用课余时间，结合自身特长，为流动儿童和留守儿童家庭发展提供知识指导、文化传递类服务。如发挥幼教老师的文体特长，指导贫困家庭优化家庭教育氛围。

另一方面各级政府统筹、协调区域内自然、人文、社会等各类资源与学校的对接，总结、学习和推广学校利用社会资源创新教育教学的有效做法和经验，引导家长拓展教育视野，转变教育观念，提升利用家庭之外的社会优质教育资源的意识和能力。

《中国教育发展与减贫研究》2018 年第 2 期
第 99~104 页
© SSAP, 2018

论提升扶贫脱贫质量的路径和重点

张琦 张涛

【摘　　要】随着脱贫攻坚进入最关键时期，提升扶贫脱贫的质量和水平成为当前的核心任务。而提升脱贫质量和水平的重点主要包含以下五个方面：一是提升产业扶贫质量；二是提升精准扶贫精准脱贫质量；三是加大社会保障支持力度，促进乡村公共服务均等化；四是提高乡村智力水平，促进贫困乡村振兴；五是积极探索新机制，增强扶贫脱贫可持续性功能。

【关 键 词】扶贫脱贫　六个精准　乡村治理

【作者简介】张琦，教授、博士研究生导师，北京师范大学中国扶贫研究院院长，长期从事农村土地房地产、扶贫脱贫和区域经济发展研究；张涛，北京师范大学中国扶贫研究院博士研究生，研究方向为扶贫开发与贫困治理。

随着中国经济由高速增长阶段转向高质量发展阶段，扶贫脱贫作为 2018 年三大攻坚战重要底线和基础之一，也同样在完成了 2017 年扶贫脱贫任务之后，转入了脱贫攻坚质量提升的新阶段和最为关键时期。正如经济工作会议所提出的未来三年脱贫攻坚"要保证现行标准下的脱贫质量，既不降低标准，也不吊高胃口，瞄准特定贫困群众精准帮扶，向深度贫困地区聚焦发力，激发贫困人口内生动力，加强考核监督"，其核心就是提升扶贫脱贫的质量和水平。而提升扶贫脱贫质量和水平的重点主要体现在以下五个方面：一是提升产业扶贫质量；二是提升精准扶贫精准脱贫质量；三是加大社会保障支持力度，促进乡村公共服务均等化；四是提高乡村治理水平，促进贫困乡村振兴；五是积极探索新机制，增强扶贫脱贫可持续性功能。

一　提升产业扶贫质量和水平是首要任务

实践证明，提升产业扶贫脱贫质量和水平是提升扶贫脱贫整体质量和水平的关键。那么，如何做呢？笔者认为，一是需要对产业扶贫的结构进行调整和升级，提升贫困地区特色产业增收的比例。二是需要尽可能延长扶贫产业链，提升产业附加值，这是质量提升的基础。三是对于扶贫产业的选择要克服短期化行为，避免各贫困地区因扶贫脱贫任务所迫，而选择短期化的扶贫项目和产业，导致产业发展后劲不足，脱贫的质量低、稳定性差。四是需要千方百计地提升产业扶贫的参与度，克服产业发展了减贫效果却低于经济发展速度的问题，或者贫困人口的收入和能力提升低于给贫困人口带来好处的问题。为此，应重点保障和提升目前资产收益性扶贫、股份合作社扶贫中的贫困人口利益，并保障收益的长期性和分红的持续性。

二　进一步提升精准帮扶的质量和水平是重要保障

如何提升精准扶贫、精准脱贫的质量和水平？精准扶贫、精准脱贫是习近平新时代扶贫思想的精髓，"六个精准"是其核心要义。提升扶贫脱贫质量和水平的核心就是要提升精准帮扶即"六个精准"的质量和水平，主要包括以下几项内容：一是对于驻村帮扶，要在原有基础上提升帮扶队伍的专业化水平和质量，从帮扶干部数量扩大转化到质量提升新阶段，避免驻村帮扶只注意过程而忽视效果的现象。为此，一方面要增加适合当地农村所需的行业/职业的帮扶干部和单位；另一方面要克服有些单位仅仅为了完成下达的帮扶干部数量要求，而忽视那些更适合于帮扶农村所需的干部和单位。二是在扶贫项目的选择上要重视质量提升，确保扶贫项目是最有效、最受农户欢迎且对农户有实质性提升的项目，克服目前扶贫脱贫项目因短期化倾向而导致的返贫隐患。三是提高扶贫资金的使用效率和精准度，完善最严格的资金使用标准，实现资金效应的最大化发挥。四是在脱贫成效上，要从贫困群众的思想观念转变工作抓起，将扶智与扶志相结合。对于脱贫成效的考核，除收入指标以外，还应重点考察贫困户的"两不愁，三保障"和贫困户的发展能力以及生活质量，确保脱贫的长效性和可持续性。

三　加大社会保障支持力度，促进乡村公共服务均等化是基础保障

自精准扶贫实施以来，扶贫脱贫的效果明显提升和加快，尤其是收入增长和"两不愁"水平大幅提升，目前存在的主要问题还是集中在基础设施和公共服务的质量和水平上，也就是乡村公共服务的均等化和社会保障的公平化。据此，未来一个时期扶贫脱贫质量的提高要转化到提升这些公共服务的"软件"方面，从而提升贫困户的发展能力以及生活质量，确保脱贫的长效性和可持续性。对于这一问题，强化贫困户尤其是老弱病残群体的住房保障、医疗与养老是重点，特别要注重大病及慢性病救助保障上的创新探索和老年群体养老模式的创新探索。从医疗和养老方面来说，目前剩余的贫困群体主要是老弱病残，他们最需要的是医疗和养老保障。中央和省一级已经出台了各种医疗保障政策，但是落实效果不是特别好，特别是大病和慢性病的救助保障。因此，未来一段时期要重点落实医疗救助政策，提高大病救助和慢性病救助标准，探索商业补充医疗保险机制，实现包括新农合在内的"四重"医疗保障。同时要加强对贫困地区、贫困村的医疗卫生人员的培训，提升其技能水平，探索老年群体的居家养老和集中供养等模式，使贫困人群就地就近享受同等医疗和养老服务。

四　提高乡村治理水平，促进贫困乡村振兴是内在要求

贫困地区的扶贫脱贫更需要融合乡村振兴战略。也就是说在目前驻村帮扶、"村第一书记"以及驻村工作队等新机制条件下，应从未来长远角度出发，以乡村振兴战略部署为遵循，按照"产业兴旺、生态宜居、乡风文明、治理有效、生活富裕"提升贫困地区扶贫脱贫质量和水平。为此就需要一方面提升贫困村的治理能力，完善扶贫治理新机制；另一方面提升贫困村自我发展能力，通过培养一批贫困村的能人和村庄精英阶层，提升村庄的凝聚力，利用实施贫困村整体提升工程的机会，增强贫困地区和贫困群众自我发展能力。乡村振兴战略，精准脱贫是基础，发展产业是巩固成果，建设美丽和谐乡村、强化乡村自治能力是最终目的。这些都离不开人，要依靠农村自身，关键就是增强群众发展生产的信心和参与治理的积极性，因此未来在强调"硬"投资的同时需要增加"软"投资比例，在扶贫脱贫项目中强化对群众自力更生的思想观念、文化意识的知识培训，提高劳动脱贫致富的传统文化观念与意识的传承，注重知识教育与传统文化在内的扶贫脱贫内在动力机制的培育。通过这些措施，群众的思想观念就会发生转变，生产能力就会提高，脱贫就成为必然结果，贫困乡村就能实现真正振兴。

五　积极探索绿色减贫新路径是提升
扶贫脱贫质量的战略选择

积极探索绿色减贫新路径是促进扶贫脱贫可持续性发展、提升扶贫脱贫质量的必然选择。

（一）积极探索绿色减贫财政奖励政策试点

贫困地区往往是生态功能区，大多属于限制开发区和禁止开发区，从而约束和限制了贫困地区扶贫脱贫的方式路径和效果。但与此同时，这些地区

往往又是空气、水、绿色资源和环境较好的地区。绿色发展生态宜居是社会经济发展进步到既定阶段后的目标追求和必然选择，可以说，构建起绿色减贫的财政奖励制度是大势所趋，积极开展和创新绿色减贫财政奖励政策的新试点很有必要。一种方法是针对国家考核的化学需氧量、氨氮、二氧化硫、氮氧化物4种主要污染物，制定收费标准，例如按每吨3000元标准收取，然后将此项收入主要用于对环境较好贫困地区的奖励。另一种方法是根据不同县域的空气质量、水质和绿色程度（如森林覆盖率）三项指标制定奖励标准，凡是不达标者就要付费，优于标准的贫困县则可以获得财政的奖励。这不仅有利于提升扶贫脱贫的质量和水平，也有利于大大提升绿色发展和生态文明建设程度。此外，也可以国家统计局新近发布的绿色发展和生态文明指数为依据，结合绿色减贫指数，制定财政奖励标准。

（二）完善绿色资产定价体系

不断放大绿色资源资产收益和扶贫效应。让贫困地区的绿水青山真正变成金山银山。目前国内针对资产收益制度已经有了广泛探索，但由于没有较为完善的绿色资产定价体系，绿色资产收益还未充分凸显。在实践中，绿色资源的资产和资本的市场化程度还不是很高。本来贫困地区通过绿色资源资产股份来分享其资产收益，但在实践中"量化入股"异化趋势明显，部分绿色资源实现"资产量化"后，名义上是入股，在实际上却是"放贷"，只能享受到设定的"利息"或"股息"，原因就是绿色资源资产化和资本化的定价体系和标准尚未建立，导致了绿色扶贫产业的益贫性比较低，绿色资源的资产化和资本化收益较小。因此，只有完善绿色资源资产化和资本化定价制度，贫困地区绿色资源和绿色资产收益才能充分放大，所以要探索绿色资源定价机制，尝试建立绿色资产交易平台，建立与完善绿色资产抵押、质押等金融制度，以充分放大绿色减贫效应，提升扶贫脱贫的质量和水平。

（三）完善和构建贫困地区生态补偿制度，提升绿色减贫效果

结合扶贫脱贫，构建和完善贫困地区生态补偿体系，重点是完善以绿色

减贫为核心的贫困县考核机制。以绿色减贫指数为评价依据，建立相对完善的贫困地区生态补偿制度体系，可在以下三个方面进行探索。一是在资金来源上，应当探索建立多元化的生态补偿机制，从补偿来源、补偿形式、补偿途径、补偿模式等方面进行创新，确保生态补偿扶贫的有效性。二是在补偿对象上，应在满足生态补偿式扶贫的条件下，基于公平的原则，将补偿资金向贫困人口倾斜，给做出生态贡献的贫困群体以高于正常补偿数额的补偿数额。三是在补偿用途上，可建立专门补偿资金账户，也可以成立绿色产业扶贫基金，提升扶贫脱贫的质量和水平。

《中国教育发展与减贫研究》2018 年第 2 期
第 105～115 页
© SSAP，2018

革命老区教育精准扶贫的
现实图景与战略设计[*]

辛丽春

【摘　　要】革命老区的教育扶贫工作不仅是经济问题和民生问题，更是民族问题和政治问题。目前革命老区教育精准扶贫目标综合化、形式多样化；同时也面临尊重教育规律、加快制度化法制化建设、推进扶贫主体协同等诉求。为此，革命老区教育扶贫的未来发展要精准聚焦补短板、均衡发展促公平、区域发展出特色和开放交流创格局。

【关 键 词】教育扶贫　精准扶贫　革命老区

【作者简介】辛丽春，临沂大学教育学院副教授，主要从事教育学的教学与研究工作。

　　革命老区是中国共产党领导和创建的革命根据地，是新中国的摇篮，为民族振兴和新中国建设和发展做出了卓越贡献，付出了重大牺牲。然而老区经济基础薄弱，贫困面广，优势资源开发程度不高，脱贫任务艰巨。"扶贫先扶智"，教育扶贫在其整体扶贫中具有基础性、先导性和全局性的作用，

---

* 本文为山东省社会科学规划重点项目"校地联盟"教师教育制度协同创新研究（批准号：17BJYJ01）的研究成果；山东省教育科学"十三五"规划 2016～2017 年度重点课题"革命老区教育针对性发展战略研究"（BZF2017001）的研究成果。

是阻断贫困代际传递的根本手段和重要方式。① 党和国家十分重视革命老区教育扶贫工作，持续加大对革命老区的扶持力度，初步形成了"1258"的老区支持政策体系②，开展了形式多样的扶贫活动，取得了显著成效。进入新时代，为取得脱贫攻坚的决定性胜利，亟须把握新时代革命老区教育精准扶贫的新特征、新诉求，谋划新发展。

一　当前革命老区教育扶贫的主要特征

（一）教育扶贫内涵的深化——从"扶教育之贫"到"依靠教育扶贫"

教育贫困包括教育自身的贫困和引发贫困的一切教育因素。传统革命老区扶贫只关注了教育自身的贫困，如开展教育的人力、物力和财力资源不足等，在今天教育自身的贫困问题正逐渐解决的背景下，人们开始关注引发贫困的教育因素，如教育结构失衡引发的贫困、教育不公平引发的贫困、教育体制机制不合理引发的贫困等。或者说，今天的教育扶贫包括相互依存的两个部分，即"扶教育之贫"和"依靠教育扶贫"。

"扶教育之贫"是教育扶贫的基本点。所谓"扶教育之贫"，即改善革命老区的教育状况，配置基本的教育资源，保证所有适龄儿童的受教育机会，提高教师教学水平和待遇水平，这是对革命老区教育的托底工程。如由福建省老区建设促会启动的老区教育星火工程教育公益项目已先后启动"蓝领计划""金领计划""扬帆计划""引巢计划"4 个计划，凭借该平台，募集资金，为老区学生提供就业指导、岗前培训、创业引导、信息咨询以及资金、技术、网络等相关方面的支持。

"依靠教育扶贫"是教育扶贫的落脚点。教育的根本目的是促进人的发展和促进社会发展。教育扶贫的效果最终要看老区教育的发展功能发挥得怎

---

① 李兴洲：《公平正义：教育扶贫的价值追求》，《教育研究》2017 年第 3 期。
② 国家发改委：《进一步完善落实"1258"老区支持政策体系》，《中国老区建设》2016 年第 1 期。

样。对一个家庭来说，实现"培养一个学生，脱贫一个家庭"；对社会来说，实现"教育一批学生，促进社会发展"。已有数据表明，教育是有效的扶贫途径。我国政府在教育公共投资中的扶贫教育投资每增加 1 万元，就可以使 9 个人脱贫，比科研投资的扶贫效果高出 30%。^① 联合国教科文组织研究表明，不同层次受教育者提高劳动生产率的水平不同，本科为 300%，初高中为 108%，小学为 43%，人均受教育年限与人均 GDP 的相关系数为 0.562。^② 依靠教育实现老区脱贫是扶贫的必然途径。

（二）教育扶贫体系的完善——从"道义性"扶贫逐渐过渡到"制度性"扶贫

人性的复杂性决定了人不仅仅是"道德人"，还是"经济人""社会人"。建立在"道德人"假设之上的道义性扶贫，存在较多的随意性和无序性，难以系统解决宏观的贫困问题，在此基础上的扶贫更多地体现为制度性扶贫，通过国家地方的系列制度设计，实现统筹规划、系统扶贫。从国家出台的《国家贫困地区儿童发展规划（2014~2020 年）》《乡村教师支持计划（2015~2020 年）》，到地方政府的教育扶贫实施方案和教育扶贫工程，在贫困革命老区构建起一个涵盖各教育阶段、教育领域的教育扶贫制度性网络，实现从道义性扶贫向制度性扶贫的转化。

（三）教育扶贫方式的创新——从"救济式"扶贫逐渐过渡到"开发式"扶贫

"救济式"教育扶贫指国家和地方财政转移支付的方式给贫困者一定的教育救助，以保障贫困者的基本教育需求。如"两免一补"等，国家和政府出于道义责任对贫困者实施教育救助。救济式扶贫通过加大对革命老区的教育资助，提高教学设施、改善办学条件，确实在某种程度上提高了革命

---

① 祝玉峰、赵茂林：《论"十一五"中国西部农村教育反贫困战略》，《特区经济》2006 年第 10 期。
② 刘传铁：《教育是最根本的精准扶贫》，《人民日报》2016 年 1 月 27 日。

老区的教育水平。但这种"输血"式的教育扶贫易形成过度依赖的"等、靠、要"思想，非长久之计，它在教育托底任务完成后便会退出舞台，革命老区教育如何在"输血"式教育扶贫之后仍能保持持续发展的良好态势，就需要在"输血"的同时着力增强其自身的造血功能，开发革命老区自身的教育资源、提升老区人民对教育的理性认识。在单纯"输血"式教育扶贫模式下，革命老区人民认识不到自己拥有的宝贵教育资源，单纯的模仿引进其他地区的教育成果，只会"抛却自家无尽藏，沿门持钵效贫儿"；而在"造血"式教育扶贫模式下，引导老区人民认识到自身不可复制的宝贵教育资源，如在沂蒙革命老区、井冈山革命老区建立革命教育基地，作为全国学生的教育实践基地，能够实现从救济式扶贫向开发式扶贫的过渡。

（四）教育扶贫模式的改进——从"大水漫灌"过渡到"精准滴灌"

在粗放式扶贫模式下，有大量教育扶贫的人力、物力和资金的投入，但是这些投给谁，用什么方法、按照什么程序投，如何保障和评价投入效果等问题并不能很好解决。导致扶贫对象错位、扶贫流于形式甚至导致腐败，产生负面效应。在精细化扶贫模式下，增加了管理服务成本，实现对象、过程、评价各环节的精准把握。革命老区教育扶贫机构对贫困家庭适龄人员建档立卡，建立乡镇建档立卡贫困学生台账；完善立卡贫困学生资料库，制定"一对一""精准滴灌"的点状帮扶方案，向学生及家长宣传助学政策，同时加强流动人口子女入学、转学等学籍管理，落实对贫困学生"一对一"帮扶措施，确保各项资助政策精准落实，对革命老区学校贫困学生建档立卡情况、资助政策宣传情况、各类资助落实情况进行精准督查。

（五）教育扶贫内容的拓展——从"单一性"扶贫逐渐过渡到"综合性"扶贫

教育是一个系统工程，就贫困儿童个人来说，包括教育起点、教育过程和教育结果的时间序列；从宏观教育体系来说，包括普通教育和职业教育等各层次和学前、初等、中等和高等教育等各阶段教育。传统教育扶贫往往聚焦教育起点的扶贫，多关注普通教育扶贫、基础教育扶贫，忽视教育结果扶贫、忽视职业教育等。这种碎片化、片段化的单一性扶贫，不能协调各教育层次、各教育阶段间的关系，不能保证教育扶贫的整体效果。当下革命老区扶贫亟须重视各教育环节的协调，加强不同发展水平的经济、教育的优势互补。如今，革命老区充分认识到以服务区域经济发展的职业教育的重要地位，加强与发达地区的职教合作，加强中小学校与地方大学和地方教育行政管理机构的协同。

（六）教育扶贫范式的转换——从"个体范式"逐渐过渡到"社会结构范式"

在教育贫困问题实践中，一直存在两种观点。一种是将教育贫困归咎于个人，另一种是将教育贫困归咎于社会。传统上归咎于个人的主张采取"个体范式扶贫"，即通过经济补助吸引贫困儿童接受教育，或加强职业教育、成人教育，提高贫困地区个人的教育水平，主要是通过提高个体的知识和能力水平实现教育扶贫。归咎于社会的认为，贫困的产生更多地源于社会结构中蕴含的宏观因素，贫困者个人的选择空间是有限的。主张政府和社会应该承担起反贫困的重要责任，国家和地方政府设立扶贫专门机构，通过社会制度、经济体制的调整来缓解贫困。并且，不同于西方国家的阶层性贫困，我国的贫困以"区域性贫困"为主要特点，这种特点使以体制改革、结构调整为主要方式的"社会结构范式"扶贫日益成为主流并发挥更好的效果。

二　革命老区教育精准扶贫的新诉求

革命老区教育精准扶贫在取得一定发展的同时，还面临一系列挑战。

（一）遵循教育规律扶贫

教育扶贫不同于经济扶贫，不仅要关注经济规律，更要关注教育规律，否则易背离初衷。如曾经实施的包括革命老区在内的农村学校布局调整政策，虽然取得了一定成效，但因为农村学校布局调整的价值取向倾向于优化资源配置、提高效益，未能更多地考虑教育规律，导致就学成本增加、上学不便等问题；这种忽视教育规律的盲目撤并学校行为，虽然本意是教育扶贫，但结果却偏离了其最初教育扶贫的目的。

（二）促进教育扶贫法制化

精准扶贫需要在制度化基础上进行，通过科学规划和完善法制来推进。传统的扶贫多通过人们对革命老区的感情来获得一些支持。如针对革命老区的"希望工程""义务支教"等扶贫举措，这在一定程度缓和了老区教育贫困的程度，但这种随机的、碎片化、个人化的扶贫行为不能系统解决革命老区教育贫困所面临的宏观的、制度上的深层次问题，并且容易滋生腐败。加强老区扶贫的制度化、规范化与透明化，是促使扶贫长效化、系统化的重要途径，也可以避免老区扶贫成为产生腐败的"温床"。

通过加强教育扶贫的法制化建设，有利于建立"贫困者的权利"意识。"贫困者"不仅处于被救助的被动地位，同时其本身具有获得发展的权利。诺贝尔经济学奖获得者阿玛蒂亚·森认为，贫困的真正含义是贫困人口创造收入能力和机会的贫困，贫困意味着贫困人口缺少获取和享有正常生活的能力。① 通过完善教育扶贫制度保障贫困者的发展权利，是教育扶贫的重要内容。忽视"贫困者"发展的权利会导致教育扶贫目标的错位。如曾经的革命老区农村学校布局调整政策，执行主体是地方政府，目标群体主要是贫困的村民和学生，目标群体处于劣势，其正当利益容易受到侵犯，如果缺乏相应的制度化建设或者制度化建设不健全，就容易造成扶贫目标的错位，导致主观上促进教育发展的扶贫行为走向了反面。

（三）提高教育扶贫的精准度

教育精准扶贫历经了从教育普及到精细化资源配置，由关注贫困人口的受

---

① 引自吕红平：《论我国社会转型期的城市贫困问题》，《人口学刊》2005 年第 2 期。

教育权利到阻断贫困代际传递的目标转变。① 习近平于 2013 年 11 月到湖南湘西考察时首次提出"精准扶贫"思想。随后国务院扶贫办颁布《建立精准扶贫工作机制实施方案》，将精准扶贫作为中国扶贫的新工作机制和工作目标，进一步全面阐述"精准扶贫"概念，提出以"扶贫对象精准、项目安排精准、资金使用精准、措施到户精准、因村派人精准、脱贫成效精准"为内容的"六个精准"原则，进一步丰富了"精准扶贫"的内涵，提高了可操作性。

虽然革命老区教育已经明确了"精准扶贫"的目标，但具体操作环节仍存在粗放式的扶贫逻辑与思维。对何谓"教育精准扶贫"尚无权威、清晰界定，也未能把上述精准扶贫的原则具体化为革命老区教育精准扶贫的内容，外化为教育精准识别、精准帮扶、精准评估等具体扶贫行为，并制定相应的识别标准、实施标准和评估标准。

（四）加强教育贫困各主体的协同创新

老区贫困是个"综合征"，需要综合治理，单靠某一方面的政策不能从根本上解决问题。目前内地与沿海老区，东、中、西部老区之间，以及老区与非老区之间的差距日趋明显，影响了社会稳定。老区之间的不平衡有不同老区所处的地理位置、经济、文化教育基础等各方面的原因。同时，由于老区自然、政治、历史等先天因素的不足，没有积累相应的资金、技术、信息等发展资源，使其经济、文化、教育等领域落后于大多非老区地域。

当前革命老区的教育扶贫需要统筹规划、协同创新，关注教育扶贫政策的衔接配套，发挥政策的整体效益，建立宏观统筹的扶贫体系。当前，在这一方面已经取得一定进展，如国务院批准建立支持赣闽粤原中央苏区等老区振兴发展部际联席会议制度，协调推动老区振兴发展中的重大综合贫困问题，中央在现有"国务院扶贫办""中国老区建设促进会"的基础上完善其职能，强化其权力，编制《全国革命老区发展规划》等。

---

① 刘航、柳海民：《教育精准扶贫：时代循迹、对象确认与主要对策》，《中国教育学刊》
2018 年第 4 期。

三　革命老区教育精准扶贫的发展战略

革命老区教育扶贫未来发展需要针对革命老区教育发展的现有基础，如历史文化传统、自然环境状况、人们现有的受教育水平等，制定有关教育整体的发展方向、发展机制、发展举措、发展路径的宏观战略和规划。

（一）革命老区教育精准扶贫的优先发展战略——精准聚焦补短板

教育精准扶贫是一个集理论、战略、政策和行为为一体的完整体系。该体系包括精准识别、精准帮扶和精准管理三个模块；具体包括教育扶贫对象的精准识别、教育扶贫项目内容与实施方式的精准帮扶、教育扶贫对象动态管理、教育扶贫资金运作以及教育扶贫成效的精准管理等。其具体政策和行为需要聚焦教育扶贫的短板。从宏观看，一是加强"扶真贫、真扶贫"的信念。二是建立老区教育扶贫主体博弈机制、教育扶贫对象精准识别机制、教育扶贫项目精准运行机制、教育扶贫精准考核与监督机制等。三是精准聚焦老区教育扶贫效果，确保教育扶贫"投入"与"产出"具有最优效能。[1]从微观看，要调整优化老区基础教育中小学校设点布局，支持贫困老区加快普及高中阶段教育，逐步推进中等职业教育免学杂费，继续实施农村贫困地区定向招生专项计划，拓宽贫困老区学生就读重点高校渠道等。

目前革命老区需要基于当前信息社会特点，积极构建"互联网 + 教育精准扶贫"，充分利用大数据平台获得扶贫相关资源信息，提高教育扶贫"靶向瞄准"的精准度。

（二）革命老区教育精准扶贫的重点发展战略——均衡发展促公平

革命老区教育精准扶贫的最终目标是通过促进教育均衡发展，追求教育平等，实现教育公平。教育均衡发展是一个"平衡—不平衡—平衡"循环发

---

① 张翔：《集中连片特困地区教育精准扶贫机制探究》，《教育导刊》2016 年第 6 期。

展、螺旋上升的动态过程，是一个长期的、动态的、辩证的历史发展过程。

促进教育均衡发展从不同的视角看有不同的含义。首先，从宏观层面看，是促进革命老区教育供给与需求的均衡；从中观层面看，是促进革命老区之间及与非革命老区之间教育资源配置的均衡；从微观层面看，是促进革命老区之间以及与非老区学校之间教育过程的均衡，包括内部课程教学资源配置的均衡、教育结果的均衡以及教育评价的均衡，最终实现所培养学生在德智体美劳等方面均衡发展、全面发展。[①] 其次，从个体看，教育均衡指老区人民受教育的权利和机会的均等；从学校看，教育均衡指各级各类教育间教育资源配置均衡；从社会看，教育均衡指老区教育所培养的劳动力在总量和结构上与经济、社会的发展需求达到相对的均衡。最后，从教育资源的硬件、软件配置看，包括老区教育的"硬件"的均衡，包括生均教育经费投入、校舍、教学实验仪器设备等的配置均衡，教育"软件"的均衡，包括老区教师、学校内部管理等的配置均衡。

（三）革命老区教育精准扶贫的着力发展战略——区域发展出特色

特色是区域教育发展的"引擎"，尊重教育的差异性与个性是当今教育的总趋势。《国家中长期教育改革和发展规划纲要（2010～2020 年)》提出了"加强中华民族优秀文化传统教育和革命传统教育"，革命老区要致力于在革命教育资源、教育内容、教育体系、教育方法等方面打造教育特色。

1. 开发特色教育资源

革命老区红色教育资源是革命老区不可复制的宝贵财富，包括对物质形式和非物质形式的开发。对物质形式的开发指开发并挖掘革命遗迹、文物、博物馆、纪念馆、展览馆、烈士陵园等物质的精神内涵；对非物质形式的开发包括创作文学作品、歌舞、影视、戏剧作品等多种文学艺术形式，赋予延安精神、沂蒙精神等新时代精神，搜集、整理、传播老一辈无产阶级的言行语录、当代学者相关理论研究、相关的文献资料以及新时期党和国家领导人

---

① 翟博：《教育均衡发展：理论、指标及测算方法》，《教育研究》2006 年第 3 期。

对老区精神的诠释、专家研究、学者报告等。① 红色革命承载着难以估量的文化价值、社会价值和经济价值，具有不可再生性，革命老区教育需要挖掘和整合革命历史文化等地域特色。一方面增加资金投入、加强保护措施；另一方面防止"建设性破坏"，保护革命旧址等的原生态环境。

2. 构建特色教育体系

老区教育特色不仅包括老区区域内教育资源的特色，更应体现在老区教育整体结构、类型、服务等教育体系特色。培育老区教育体系的特色首先要在宏观统筹设计上彰显特色，既要注意老区教育面上的顶层设计，又要系统规划老区教育主题、结构、体系、标准等局部布局，建立利用质量监测促进教育精准扶贫。②

3. 采取特色教育方法

一方面学校通过开发特色课程和校本课程等方式方法，实现革命教育的多样化呈现；另一方面革命精神是全国人民的精神财富，老区教育有义务和责任共享其教育价值，可以通过信息化科技手段，如建设数字资源，开设网络公开课、建立文献数据库、视频资源库等，实现革命教育资源共享。同时，积极发挥革命老区地方大学在文化遗产保护中的科研职能、信息职能、人才培养职能和文化创新作用。

（四）革命老区教育精准扶贫的未来发展战略——开放交流创格局

各革命老区教育发展不仅需要"各美其美"，更需要"美美与共"，深化交流合作，拓展老区教育发展新格局。

1. 推动革命老区教育主动对接国家重大发展战略

推动革命老区教育积极融入国家"一带一路"建设等国家战略，通过改革教育机制、积极开展智库建设、培养创新创业人才等为国家战略开展教

---

① 王宁、田伏虎、王承博：《关注公民教育中特色教育资源的个性化服务》，《现代远程教育研究》2014 年第 6 期。

② 檀慧玲、李文燕、罗良：《关于利用质量监测促进基础教育精准扶贫的思考》，《教育研究》2018 年第 1 期。

育服务，在这个过程中实现革命老区自身教育脱贫和国家发展的双赢。

2. 打造教育合作平台

首先，搭建东西教育合作平台。目前，我国东部共有 260 个县（市）与西部的 287 个县（市）结成帮扶对子，从 1996 年至今，东部省份向西部 10 个省份提供财政援助 1327 亿元，投资包括教育在内的各个领域；"东西扶贫协作"逐渐成为中国特色教育扶贫开发事业的重要内容。其次，搭建老区教育合作平台。基于革命老区共同的优势教育资源，各革命老区携手打造共享、共赢教育发展平台。2017 年 5 月，全国革命老区职业院校扶贫发展联盟在扬州成立，成为老区职业教育的合作发展平台。

3. 扩大教育对外开放，打造国际教育合作平台

加强革命老区大学对外开放办学，通过教育"走出去"和"引进来"，扩大革命老区教育的影响力，同时引进借鉴其先进教育经验，为世界更有效地开展教育扶贫贡献中国智慧。

《中国教育发展与减贫研究》2018 年第 2 期

第 116～141 页

© SSAP，2018

农村留守儿童关爱服务体系
存在的问题与解决方案

刘少惠　　陈建翔

【摘　　要】在中国社会剧烈变迁特别是城市化迅猛发展的趋势下，农村留守儿童遭遇严重危机，这一危机势必还会在一段时间内继续存在。不能不说，这是中国在转型时期一部分弱势群体为改革付出的重大"牺牲"，这样的"牺牲"已造成诸多不良后果。近年来，农村留守儿童问题已经引起国家、社会等多方关注。在探讨农村留守儿童关爱服务体系与家庭教育现状问题时，有必要认认真真地问一下：农村留守儿童到底能"留"下什么？他们在艰难处境中还要"守"到何时？

【关 键 词】留守儿童　家庭教育　关爱服务体系

【作者简介】刘少惠，北京师范大学教育学部，家庭教育专业硕士研究生；陈建翔，教育学博士，北京师范大学家庭教育研究中心主任，兼任中国人生科学学会家庭教育科学研究院院长，中国家长与教师合作学会（CPTA）副理事长，《中国教育报》家庭教育问题顾问，主要研究方向为教育学原理、家庭教育。

一　引子：调研者的初衷

"农村留守儿童"，这是一个一经提起就常常让人们内心隐隐作痛的名称！

中国改革开放40年，各方面都取得了巨大成功，绝大多数群体都获得了丰硕而实在的利益。但是，如果有什么遗憾的话，没有充分估计和解决好农村留守儿童问题，使如此大规模的一批孩子遭遇到艰难的人生命运，应该是其中之一。

根据笔者了解到的情况，农村留守儿童在身体、心理、智力、情感、人际交往、人身安全等各个方面都存在问题。严重一点说，许多农村留守儿童在父母离家后，几乎什么都没能"留"住！

应当说，农村留守儿童问题一直是党和国家关注的重点。2016年1月17日，国务院总理李克强在国务院常务会议上说："决不能让留守儿童成为家庭之痛、社会之殇！"会议强调，要切实把保护和关爱农村留守儿童的责任落到实处。2016年2月，国务院发布《关于加强农村留守儿童关爱保护工作的意见》，将留守儿童定义为"父母双方外出务工或一方外出务工另一方无监护能力、不满十六周岁的未成年人"，并指出应"强化家庭监护主体责任，加大关爱保护力度，逐步减少儿童留守现象"。同年3月，民政部、教育部、公安部印发《关于开展农村留守儿童摸底排查工作的通知》，决定从2016年3月底至7月底，在全国范围内开展农村留守儿童摸底排查工作。

经过精准摸排发现，全国农村留守儿童数量为902万人，90%分布在中西部省份。其中，由（外）祖父母监护的805万人，占89.3%；由亲戚朋友监护的30万人，占3.3%；一方外出务工另一方无监护能力的31万人，占3.4%；另有36万农村留守儿童无人监护，占4.0%。①

2017年"两会"期间，农村留守儿童相关问题再次引发热议。"相关问

---

① 罗争光、王思北：《全国农村留守儿童精准摸排数量902万人 九成以上在中西部省份》，新华网，http：//news. xinhuanet. com/politics/2016 - 11/09/c_ 1119882491. htm，2016年11月9日。

题"主要涉及两大类,一是农村留守儿童的关爱服务体系问题。社会关爱服务体系的建立,能够为农村留守儿童的健康成长提供基本保障。现在的问题是,仍然存在法律政策不健全、服务资金不到位、人员技术不专业等诸多不足。换句话说,目前的"社会关爱服务体系"还是比较松散的、不完备的和有缺陷的。二是留守儿童家庭教育的缺失问题。从小没有父母陪伴,缺乏良好的早期经验和成长背景,是导致留守儿童身体、智力、情感等各方面存在严重缺陷的因素之一。

针对留守儿童的这两大问题,笔者在陕西省渭南市蒲城县、福建省南平市松溪县、广西壮族自治区南宁市马山县等多个国家级、省级贫困县进行了调研,目的是通过了解农村留守儿童的现实生存状况,了解和评估留守儿童关爱服务体系的落实情况,了解留守儿童的家庭教育现状,探索恢复或部分恢复留守儿童家庭教育功能的可能性,使农村留守儿童能够像祖国的其他儿童一样,沐浴阳光雨露,共享改革开放和社会进步的成果,经历更好的生命历程——这便是笔者做此调研的初衷。

二 问题:身处困境的农村留守儿童究竟 还能"留下"什么?

广义上讲,"留守儿童"是指父母双方或一方长期外出,自己留守在原居住地的未成年人,即不在父母身边生活的儿童。

2016 年 2 月,国务院发布《关于加强农村留守儿童关爱保护工作的意见》,根据《预防未成年人犯罪法》第十九条"未成年人的父母或者其他监护人,不得让不满十六周岁的未成年人脱离监护单独居住"等有关规定,明确定义留守儿童为"父母双方外出务工或一方外出务工另一方无监护能力、不满十六周岁的未成年人"。

农村留守儿童与非留守儿童相比,因缺乏父母细心照料及高质量的陪伴,在身心健康及社交等各方面,出现普遍的生存能力和生命特征退化的现象,在此基础上极易诱发人身安全等社会问题。留守、留守,说起来总应该是有所"留"有所"守"，但可悲的是：留守儿童几乎处于"裸生存"状态，什么都"留"不住；他们的生命安全线跟随他们对未来的希望一起"失守"。

笔者通过走访农村留守儿童家庭，将直观体验与现有的文献资料加以结合，发现目前留守儿童面临以下问题。

(一) 生存质量低，身体健康状况堪忧

农村留守儿童显而易见的问题是生存质量低，衣着破旧、勉强温饱、住房简陋等。父母迫于生计外出打工，无暇顾及子女，许多儿童在婴幼儿时期就与父母分离，开始了留守经历。留守儿童在日常生活中无法得到周全照料，缺乏有效监护。据公安部相关负责人透露，因种种原因，有超过 21 万名的农村留守儿童没有登记常住户口，无法享受随之而来的各种福利。

农村留守儿童在经济极度贫困的条件下，自身及现有监护人的生活状态可想而知。"学校的饭比家里的好吃""不想回家""跟家里相比，还是学校好一点"。在调研中，笔者不止一次听留守儿童说出这样的话语，也侧面印证了其生活的艰辛。笔者从曾去四川大凉山区支教的志愿者处听闻这样一件事情：一户家庭中小孩不小心被开水烫伤，情况严重，该户家庭因无法支付县城看病的费用而放弃将小孩送医。当地志愿者听说后，将受伤的小孩带到医院治疗，并为其垫付了医药费。志愿者第二天去医院探望烫伤儿童时，发现其父母已为小孩办理出院手续并带走了退还的医药费，理由是这些钱够他们一家生活多日。因一家老小全部依靠外出务工的父母维持生活，留守儿童及现有监护人只能在极度节俭的状态下勉强度日，压抑正常的生活需求，甚至在病患时都无法或不愿去医院接受治疗，只能听天由命。

农村留守儿童多为贫困家庭子女，家庭困难是他们的基本特征之一。在日常生活中，他们极为节俭，营养不良成为常态。在调研过程中，笔者发现多数留守儿童身材瘦小，身高低于正常水平，15 岁的男孩只有 10 岁左右的身高，部分留守儿童还出现驼背。中国人民大学中国调查与数据中心（NSRC）设计实施的中国教育追踪调查（CEPS）报告显示：无论是身高还是体重，农村留守儿童的平均水平都明显低于其他类型儿童；就身高而言，

农村完全家庭儿童的平均身高为 158.1 厘米，单亲离家留守儿童的平均身高为 156.9 厘米，双亲离家留守儿童的平均身高则只有 156.5 厘米。[①]

　　除生活贫困导致营养不良、个子矮小外，因父母外出得不到细致照顾，易生病且易发生意外伤害是留守儿童面临的一个大问题。有调研人员发现，部分留守儿童未与任何"监护人"生活在一起，因此养成不良的饮食习惯，具体表现为两点。一是清晨来不及就不吃早餐，中午回家自己做饭，晚餐直接吃中午剩饭；二是过度食用垃圾食品。这致使留守儿童的身体素质每况愈下，免疫力降低，生病的概率明显增加。此外，由于父母不在身边，家中老人年迈多病，无法较好地监护儿童，致使众多意外事故发生，如"误喝百草枯等农药""被动物咬伤截肢""因看管不留意烫伤"等。中国教育追踪调查（CEPS）报告显示，农村完全家庭儿童的年伤病住院率为 8.6%，而单亲离家留守儿童的年伤病住院率高达 10.3%，双亲离家留守儿童的年伤病住院率也达 9.5%。安徽医科大学公共卫生学院曾针对当地中学生开展过意外伤害调查，该调查发现，农村留守儿童意外伤害发生率高达 46.8%，高于非留守儿童 13 个百分点，几乎每两个留守儿童就有一个遭受过或正在遭受意外伤害；位于前五位的意外伤害依次为咬伤（27.6%）、跌伤（13.3%）、交通伤（11.3%）、锐器伤（7.9%）、触电（6.4%）。[②]

（二）智力发展明显不足

　　2013～2015 年，斯坦福大学罗斯高教授带领团队在陕西农村组织了一场贝利测试，此次测试涉及 174 个乡（镇）351 个村庄中的 1808 名农村儿童，是目前为止中国最大规模的贝利测试。测试的儿童年龄选取在 6～30 个月，旨在了解农村儿童的智力发展情况。测量结果令人大为惊讶，18～24 个月年龄段的婴幼儿，认知发展滞后的比例高达 41%；25～30 个月年龄段的幼儿，认知滞后比例更是高达 55%。这远远超过了国际标准的 15.87%。

---

① 中国教育追踪调查项目组：《留守儿童，最深的痛在哪里》，《光明日报》2016 年 8 月 18 日。

② 王炜、童有兵、孙玲：《安徽留守儿童意外伤害高达 46.8%》，中安在线，http://ah.anhuinews.com/qmt/system/2013/05/30/005704224.shtml，2013 年 5 月 30 日。

换句话说，在贫困农村儿童中，有一半左右的儿童智商偏低，智力发展明显不足。在陕西测试之后，罗斯高教授带领团队相继在河北、云南等省份的农村做了测试。结果显示，河北农村有55%的孩子认知发展滞后，云南边远地区儿童认知发展滞后的比例竟超过了60%。[①] 由于农村地区的儿童中包含了相当大比例的留守儿童，因此该测试数据对于评估农村留守儿童问题来说，也具有一定的参考价值。

在学业成绩方面，四川某县教育局调查显示，留守学生的学业成绩等级为"优"的比例明显低于其他学生，等级为"差"的比例明显高于其他学生。更为严重的是，部分留守儿童对于学习方面的问题回应得颇为无奈，辍学比例也比较高。与此形成鲜明对比的是，在与非留守儿童家庭进行接触时，发现其子女对上学、上重点大学的渴望更加强烈。

（三）缺乏情感沟通，引发系列心理问题

留守儿童大多跟（外）祖父母生活在一起，少部分跟亲戚、无监护能力的父（母）生活在一起或独居。大部分监护人对留守儿童的照料仅限于生活方面，觉得吃饱穿暖不受伤就完成了所谓的照顾，在情感方面的沟通少之又少。

在浙江安吉县某贫困村，一户家庭中父母均外出打工，将孩子留给年迈的奶奶照顾。孩子的父母是聋哑人，在当地县城残联工作，经常随艺术团外出表演节目，一个月甚至几个月才回一次家。同村的另一户家庭，姥爷重病，姥姥放牛用以增添家中生计，父母离异，大女儿（初中）归父亲，小女儿（幼儿园）归母亲。妈妈为了还清债务，维持家中开支，近几年背井离乡到外省某家具厂打工，很少回家。笔者在陕西省调研时，还了解到一户家庭，母亲离家多年无法获得联系，奶奶重病，父亲在延安打工维持家中老小的生活，一季度回来一次，不得已将小女儿托付给孩子的姑姑看养。

---

① 王羚：《人口隐形危机：逾50%农村幼儿认知滞后》，第一财经网站，https：//www. yicai. com/news/5301770. html，2017 年 6 月 18 日。

由上述案例看出，留守儿童父母回家的频率最多可按季度算，一季度回来一次，一年回家四次，其中最为常见的情况是一年仅回来一次。多数留守儿童表示，在平时的通话过程中，父母最常问的是"最近在家乖不乖""学习怎么样"之类的话语，很少关心自己的心理状况及情感状态。他们也多将这些话埋在心里或者写在日记里，找不到正确的途径甚至不会选择主动与父母沟通。有不少儿童提到，与常年不在家的母亲通话时，"根本不知道要说什么""没什么可说的，也不想说"。在成长过程中，这些留守儿童情感需求得不到疏通和满足的后果就是，较非留守儿童相比，留守儿童性格内向，往往自卑、自闭、胆小、孤僻，且通常具有易激动、焦虑、神经过敏等性格特征；[1] 另有部分留守儿童表现出怨恨父母的态度。

2013 年人民网曾做出报道，称留守儿童心理问题检出率高达57.14%。[2] 2012 年凤凰网的调查结果更是触目惊心，指出 80% 的留守儿童都有心理健康问题，且大多表现出"不自信""自闭"的状态。[3]

（四）人际交往存在心理障碍

大多数留守儿童性格内向、内心封闭，外在的表现是不爱与人交往，甚至害怕与陌生人接触；或者在与他人相处时，持一种极端暴躁、易怒的情绪。

调研中有不少这样的案例，例如一个 12 岁的姑娘，个子矮小，驼背明显，表情木然，害怕与人沟通，说话声音极小；女孩的父亲精神失常，常年在外游荡，母亲长期在娘家不归，她和 11 岁的弟弟只有奶奶在家照顾。在访谈过程中，她小声告诉我们调研团队的一位成员，校园中经常有两个男孩欺负她，她害怕男孩进行报复，不敢告诉家人和老师。这种不愉快且长期被

---

① 袁贻辰：《留守儿童心灵状况调查：随父母离开而丧失力量》，《中国青年报》2015 年 12 月16 日。

② 《留守儿童心理问题检出率高达 57.14% 刺痛了谁?》，人民网，http：//edu. people. com. cn/n/2013/0117/c1053 - 20228644. html，2013 年 1 月 17 日。

③ 《报告称 80% 留守儿童有心理健康问题 近半数不自信》，凤凰网，https：//gongyi. ifeng.com/news/detail_ 2012_ 02/24/12757747_ 0. shtml，2012 年 2 月 24 日。

欺凌的经历使她变得越发沉默寡言，不想与人交流。在交谈中，女孩缩手缩脚，说话的声音极其低微，当访谈人员询问她是否可以大一点声音时，她再次回答的音量却明显减弱。又如，在另一户家庭中，有一个 16 岁的男孩，我们多次尝试与他交流，他却始终不予理睬，只是在旁边默默地做自己的事情。

　　健康的人际交往是儿童走向社会的基础，抗拒与他人交往会减弱儿童的社会化水平。父母长期在外，儿童正常的情感需求得不到满足，久而久之，就会变得沉默内向、心理封闭，引发严重的心理障碍，以致最后拒绝与他人交往。[①]

（五）引发违法违纪和人身安全问题

1. 留守儿童易出现行为偏差，扰乱社会秩序，乃至走上违法犯罪的道路

　　留守儿童长期得不到父母关爱，缺乏成年人的榜样教育和有效监护，无人辅导功课，这导致他们学习成绩下降，进而产生自卑心理。学校课外生活不够丰富，校外又缺乏固定的青少年公共活动空间，这使得课业成绩不好的留守儿童转而在其他事物上寻找满足感，一般的表现是终年上网，沉迷于游戏。因此，学校出现大量厌学、逃学、辍学现象。更令人痛心的是，辍学留守儿童极易受到社会不良分子的挑唆，进行打架、盗窃、抢劫等不良乃至违法行为。有文章指出，留守儿童大多生活在情感缺失、放任自流的环境中，许多孩子沾染上不良习惯，缺乏道德约束。[②]"有媒体测试发现，留守儿童中有盗窃行为的占 40%，有打架斗殴行为的占 50%。"[③]

　　"挥向网吧的大砍刀"是一件发生于 2008 年的真实案件。案件中的几个少年（大部分为留守儿童）因与家庭成员关系不好而离家出走，终日沉

---

① 王安全、姬兰兰：《民族贫困地区"留守儿童"家庭教育案例研究》，《内蒙古师范大学学报（教育科学版）》2010 年第 4 期，第 49～51 页。

② 张志：《农村"留守儿童"问题研究》，贵州师范大学硕士学位论文，2008。

③ 《对农村留守儿童引发社会问题的一些思考和研究》，中国家庭教育网，http：//jtjy. china. com. cn/2009－12/16/content_ 3298783. htm，2009 年 12 月 16 日。

溺在网吧，靠打游戏度日。为支付网费和日常生活费，他们持刀抢劫，一夜之间，接连 6 次作案，最后被公安民警抓获。①

2. 在留守儿童身上易发生拐卖、性侵等事件

因父母长期不在身边，留守儿童缺乏安全感，加之性格内向，导致其与非留守儿童相比，更容易受到同伴的欺凌；自我保护意识和法律意识较弱，留守儿童也极易成为犯罪分子或犯罪对象。②

近年来，女童性侵案不断增多，留守儿童的人身安全问题被凸显出来。"父母只知道打我，我想被抓，但又不敢去杀人，我看新闻知道除了杀人，就是强奸小姑娘罪行最恶劣。"在交代作案原因时，陈冰简短的话震惊了在场的办案人员。③ 将子女留在老家由（外）祖父母照顾，在外打工的父母十余年从未回家，对孩子的成长不管不问，在与儿子有限相处的时间中也是打骂相加。父母的这些行为使得陈冰性格内向、自闭，心理扭曲，最终导致强奸惨案的发生。随后自贡市大安区检察院以涉嫌强奸罪批准逮捕了 16 岁的陈冰。2014 年 4 月，贵州毕节市曝出小学生被教师强暴案，涉及至少 12 名女生，最小者年仅 8 岁，而受害女生中大部分是留守儿童。④

3. 自杀事件屡屡被报道

陕西扶风县杏林镇 5 名小学六年级的学生，相约到一古庙里喝农药集体自杀，幸被路过的村民发现，被及时送往医院。其中，2 名学生经抢救后脱离危险，剩下的 3 人检查无恙后回家。记者了解到，5 个孩子中有 4 个是农村留守儿童。⑤

贵州毕节留守儿童服毒自杀事件深深刺痛了每一个人的心。据报道，在

---

① 《挥向网吧的大砍刀》央视网，http://news. cntv. cn/program/tianwang/20100407/104738. shtml，2008 年 9 月 26 日。
② 周福林：《我国留守儿童状况研究》，《人口研究》2005 年第 1 期。
③ 《性侵：留守少年强奸 6 岁女童 想被枪毙远离父母》，搜狐网，http://gongyi. sohu. com/20140825/n403762754. shtml，2014 年 8 月 25 日。
④ 刘刚：《贵州毕节一教师涉嫌强奸受害女学生至少 12 人》，《新京报》2014 年 4 月 29 日。
⑤ 《5 名小学生相约去古庙喝农药自杀》，网易新闻，http://news. 163. com/10/0705/06/6AQCR7NN00014AEE. html，2010 年 7 月 5 日。

该留守儿童家庭中，父亲外出打工，母亲离家多年。父亲性格内向，为人冷漠，从未给过子女适当的温暖和关心，将为数不多的生活费寄回家是其与子女唯一的联系。四兄妹在父亲的影响下，渐渐地也变得内向、冷漠，不爱与人交流，完全将自己封闭在家中，直到惨案发生。

（六）代际传承"负资产"严重

儿童早期身心发展受原生家庭的影响很大。在调研访谈中，笔者发现大多数留守家庭父母的教育水平偏低且多集中于初中阶段，该群体的娱乐休闲活动多以棋牌、手机为主。这使得儿童热衷于仿效，对手机、扑克等娱乐活动热情高涨，对阅读和书本知识毫无兴趣，更不用提养成良好的学习习惯。儿童进入初中、高中阶段，部分孩子因学习成绩差，受父母外出打工赚钱见世面的刺激，认为外出打工比上学有用，便因此辍学进入打工行列，步父母的"后尘"——一代一代，恶性循环。有的家长因经济困难外出打工，"金钱至上"的观念占上风，认为物质力量可以解决一切问题，用钱陪伴儿童成长，忽视了儿童情感和心理的发展，在这种环境中留守儿童易养成极端自私、唯利是图的性格。[1]

留守儿童的生活境遇和心理状况与父母的代际传承息息相关。陈建翔教授的"隧道效应"理论很好地揭示了家族文化心理结构代际传承产生的影响："'隧道效应'，是家庭中的一个独特的现象，它指的是每一个孩子身上出现的人格特征，都折射着家长的某些精神面貌；每一个家长身上出现的人格特征，都折射着他前辈的文化—心理的深厚积淀物；家庭或家族的文化—心理结构通过'身、口、意'在代际传承中深刻影响着每一代人，每一个家庭成员。"[2] 父母的精神状态和言行举止对儿童有着潜移默化的影响，儿童会根据父母的应答表现来形成自己的反应模式。若父母很强势，儿童面对任何事情，

① 郭晓霞：《农村留守儿童家庭教育缺失的社会学思考》，《教育探索》2012年第2期，第22~23页。
② 陈建翔：《父母用一生教我懂了一个字：爱——一个"隧道学派"研究者所感悟到的家风传承》，《中华家教》2017年第1期，第11~13页。

即使做一些微小的决定时，都会习惯性地依赖父母，征求父母的意见，生怕表现不好而使父母不满意。儿童慢慢地形成怯懦的性格，不敢表达自己的诉求，久而久之，父母强—子女弱，父母越强—子女越弱的相处模式固定下来。随着孩子成为下一代的家长，这种模式继续传承，如此循环往复。北京大学法学教授康树华的一项调查显示：在 135 名违法犯罪青少年中，父母和家庭成员中有劣迹行为的占 76%，父母离异的占 34%。这些数据佐证了父母的不良行为或不良的家庭环境对儿童具有潜移默化的影响。

《现实是有 63% 的农村孩子一天高中都没上过》曾刷爆朋友圈，其作者是斯坦福大学经济学教授斯科特·罗斯高。他发现，中国的农民工陷入了"龙生龙，凤生凤，老鼠儿子爱打洞"的死循环，农民工无法摆脱贫穷，农民工子女大多也还是农民工。[1]

农村留守儿童在留守的过程中究竟"留下"了什么？通过调研，得出的答案是：几乎什么有用的东西都没有留下。有的留守儿童甚至丢掉了自己的生命，抹去了在世界上存在过的一切痕迹！对此只能痛心地承认一个事实：农村留守儿童是被耽误的一代，是被牺牲的一代。

三　根源：农村留守儿童缘何至此境地

（一）留守儿童为什么会大规模出现

1. 经济的内推力与外吸力

在陕西蒲城县调研时，当地村民介绍，蒲城县北部地势高，黄河水无法上引，存在严重缺水的状况，部分家庭不得已喝地窖水（集存的雨水）勉强度日。在生活用水无法保障的情况下，农业用水更是无法想象。遇到雨水较少的年景，农作物没有水源灌溉，田地只能荒废，几乎无法依靠土地获得

---

[1]　罗斯高：《现实是有 63% 的农村孩子一天高中都没上过，怎么办》，凤凰网，http://culture. ifeng. com/a/20170918/52036660_ 0. shtml，2017 年 9 月 18 日。

任何收入。南部地势较低，用水可以得到较好的保障，村民大多靠种植瓜果养家糊口。但种植瓜果对土壤要求高，一块土地无法连续几年种植，部分村民便去临近省份包地种瓜，常年住在瓜棚，落下一身的风湿病。有不少人是半年卖瓜赚钱，半年到医院看病，这样循环往复，经济状况不容乐观。而县内没有工厂，不具备吸引劳动力就近就业的基础，农村生存条件又差，这就把农民推出了家庭和家乡。

广西南宁马山县村子里也面临同样的状况。据当地村民和妇女主任的介绍，该村四周环山，地形低洼，田地被分割成条形小块状；农作物品种单一，以种植玉米为主；每到雨天，村里的土地十分容易被淹，村民的耕作日期经常被耽误。由于经济来源十分有限，在很多时候，为增加家庭收入，家里的富余劳动力都选择外出打工。笔者同当地村民交流时，多数村民表示：靠土地无法维持一家生计，看周边村民外出打工赚钱，便也动起外出打工的心思；假如生活富裕，谁也不想离开家里。

2. 城乡二元化结构的影响

家庭贫困将农民逼出了农村，而城乡二元体制使农民工在维持自身生计的同时，无力照顾一家老小。

第一，农民工的工作类型决定他们无法将儿童带到身边进行照顾。一是农民工工资水平低，无力承担一家人在城市的生活开销；二是农民工的工作强度大，工作时间长，即使将儿童接到身边，也无暇照顾，不如留在老家。

第二，户籍制度限制导致农民工子女即使随外出务工的父母来到城市，也无法享有与城市儿童的同等待遇。义务教育阶段的儿童最重要的是接受教育，但在现实条件下，农民工子女没有当地户籍，很难进入城市公立学校，即使能达到进入的门槛，他们也无力支付高额的教育费用。即使儿童随迁，在义务教育阶段读完后，"异地高考"的阻力也使这些"流动儿童"不得不返回户籍地读高中，以便参加户籍地的高考。[1]

---

[1]　段成荣、吕利丹、王宗萍：《城市化背景下农村留守儿童的家庭教育与学校教育》，《北京大学教育评论》2014 年第 3 期，第 13 ~ 31 页。

3. 乡村传统文化凋敝引起"留守儿童"问题加重

相较于小农经济中农民种地获得的微薄收入，受市场经济的冲击使农民工有更大的动力前往大城市，同时市场经济也给人们的价值观念、思维方式带来了不小的变化。在某地调研中笔者发现夫妻双方共同外出打工后，造成的后果是绝大多数夫妻事实离婚（女方外出或在娘家多年不归，夫妻分居两年及以上，形成事实离婚）。在这类家庭中，除了因家庭贫困母亲选择离婚外，价值观念的转变也是造成离婚事件频发的重要原因。如今，青年人的婚姻不再由父母或宗族决定，他们具有自身婚姻的决定权，不再把离婚当作一件不光彩的事情。

乡村文化也在悄无声息的发生改变。[①] 青壮年人口的大规模外流，致使农村留守儿童缺乏榜样和规训的权威；农村占地集中开发单元楼，向城市模式靠拢的现象更导致乡村文化衰落，加剧了乡村的没落。农村人口的空心化加大了乡村文化传承与创新的难度。笔者调研时遇到一位老人，他是尧山文化传承人，社火、八仙板、尧山大鼓样样精通，但谈起后辈的继承人，老人发出阵阵叹息：村中 50 岁以下的青壮年基本外出打工，寻找愿意学习尧山文化的继承人难上加难。在我们访谈该老人期间，我们看到当地村民带着儿童聚在一起闲聊、打牌、打麻将，乡村传统文化、特色文化的凋敝可想而知。

"撤点并校"也给农村儿童带来诸多不利影响。许多村里没有小学，四五个村庄的儿童合并到一个学校授课，年级小的孩子父母不得不在当地租房，专职陪读。租房等额外开支加重了经济负担，也在一定程度上增加了农村儿童的辍学率。

4. 留守儿童父母自身教育水平的限制

导致留守儿童数量增多的一个重要原因是农村父母自身受教育水平低，无法在家乡获得良好经济来源、发现新的创业渠道，为维持家中生计，只得外出打工。

---

① 安国琴：《生命历程理论视角下的农村留守儿童教育问题》，《读与写（教育教学刊）》2012 年第 2 期，第 51～52 页。

在河北邢台鸡亮村调研时发现，当地物产并不贫瘠，出产柿子、核桃、蜂蜜、玉米等，最近还种植了苹果，同时还具有养土鸡、柴鸡和绿色鸡蛋的优势。经过多次接触发现，由于农村人员自身文化水平的限制，全村没有一个网络供销点，致使本可以远销全国的产品走不出自己的村子。

同样的情况也出现在陕西蒲城。由于信息渠道不畅通，县里种植的苹果、酥梨、西瓜等水果成熟后没有合适的购货方，只能贱卖到当地罐头厂；县里的特产美食也只能在当地才能吃到，无法实现远距离运输，如果利用相应的真空包装技术，通过快递邮寄全国，完全可以增加当地人的收入；蒲城县丰富的旅游资源如五陵（唐睿宗桥陵、唐玄宗泰陵、唐宪宗景陵等）闲云、杨虎城将军纪念馆、王鼎纪念馆，若合理开发利用，发展当地文化产业，便能够改善人民生活水平，减少外出务工人员。

总之，地方政府如果能够深度挖掘、整合当地资源，组织专业技术培训，提高劳动人口素质，许多家庭劳动力完全可以获得就近择业的机会。父母不走向城市，农村留守儿童的数量自然随之减少。

（二）家庭教育的缺位

社会经济的内推力与外吸力，城乡二元体制在文化和教育等方面的影响，导致留守儿童群体的出现。留守儿童面临的"危险重重"，其中重点是家庭教育的缺乏。在生命成长的关键时期，留守儿童缺乏父母陪伴，缺少早期教育经验，没有形成良好的阅读习惯和阅读能力，这使他们在之后的"留守"生活中屡屡受挫。

1. 缺乏父母（尤其是母亲）陪伴

英国心理学家鲍尔比曾针对孤儿院对儿童有何种影响问题做过详细调查，他得出结论："早期被剥夺了母亲照料的儿童，表现出消瘦的症状，并且几乎在各方面的发展都是迟滞的。"①

---

① 载于黄路阳《关于儿童心理发展中的早期经验和早期教育》，《安康师专学报》2000 年第 2 期，第 34 ~ 28 页。

联合国儿童基金会发布的《生命早期对每一名儿童至关重要》的报告明确指出，孩子生命之初的几年最为关键，是大脑发育最为迅速的阶段，一旦错过将无法弥补。[①] 在访谈中笔者发现，大部分留守儿童的哺乳期短于 6 个月，甚至有的母亲在生下孩子 10 天后就离开家庭，从未回来。"在大脑发育的最关键时期，我们需要为幼儿的家长和照料者提供更多支持。"[②] 联合国儿童基金会第六届执行主任安东尼·雷克说。但实际情况是，学龄前留守儿童的数量庞大，义务教育阶段留守儿童的数量则持续收缩。[③] 这一情况表明，家长重视儿童的义务教育培养，而忽视了早期儿童所需要的关爱。

根据罗斯高的观点，与正常家庭的儿童相比，长期未享有父母陪伴和关爱的儿童，尤其是 3 岁之前就离开父母的儿童，他们的认知能力会明显偏低。0～3 岁是儿童智力发展的黄金时期，0～3 岁的儿童如果缺乏父母的爱护与陪伴，缺乏有营养的饮食，会影响儿童一生的智力发展。[④] 在另一场贝利测试中，罗斯高团队的成员发现：基因、营养不足、养育不科学是致使农村儿童智力低下的三大要素，其中不懂得如何科学养育儿童是最为重要的一点。"如果母亲在家庭中照顾子女，在教会母亲科学的养育方法后，孩子的 IQ 可以提高差不多 10 个点；如果母亲外出务工，90% 的留守儿童是由奶奶照顾，但是工作人员教授奶奶养育方法后，孩子的 IQ 却很难提高。"由此可知母亲的陪伴对于儿童的健康成长至关重要；母亲只有留下陪伴儿童，才能给予儿童更多的发展机会。

2. 缺乏游戏、阅读指导、情感交流等基础性养育行为

罗斯高团队的成员表示，缺乏基础性的养育行为是农村儿童认知发展滞

---

① 载于张文《联合国儿基会报告显示仅 15 国制定儿童早期发展政策》，《中国教育报》2017 年 9 月 29 日。

② 联合国儿童基金会：《全球仅十五国制定支持家庭育儿三项国家政策》，《中国妇女报》2017 年 9 月 27 日。

③ 全国妇联课题组：《我国农村留守儿童、城乡流动儿童状况研究报告》，《中国妇运》2013 年第 6 期。

④ 罗斯高：《现实是有 63% 的农村孩子一天高中都没上过，怎么办?》，凤凰网，http://culture.ifeng.com/a/20170918/52036660_ 0.shtml，2017 年 9 月 18 日。

后的重要原因。"大部分孩子在日常生活中得不到读书、讲故事、做游戏、唱儿歌之类的智力刺激。"贝利测试的数据显示，同孩子一起玩耍的家长占39.2%，给孩子读书讲故事的家长只占5%；同时，超过90%的家长不了解怎样跟儿童进行有效互动，几乎所有的监护人都不知道什么是正确的养育方法。

留守儿童父母回家后，与孩子的互动大多是：一块在家看电视、带孩子外出玩耍。父（母）只起单纯的"陪同"作用，在儿童活动时家长虽然"在场"，但未与儿童产生实质性的沟通与交流，陪伴质量偏低。甚至在幼儿园开展的亲子活动中，部分家长参与性也不高。许多留守儿童的监护人不知道在"陪伴"这件事情上，他们能够为儿童做些什么，有的奶奶甚至说："小娃用不着干什么事，吃饱穿暖不生病就行了。"

缺乏基础性养育行为的直接体现之一是留守儿童的早期阅读量少。在调研中笔者发现，大多数留守儿童家中除了幼儿园发放的课本和家长买给低龄儿童的识字、描红等初级识字读本外，很少有其他类型的书籍。

联合国儿童基金会在 2017 年的一份报告中指出：在 64 个国家的 2~4 岁儿童中，有 1/4 未能参与大脑发育不可或缺的活动，例如游戏、阅读和唱歌。[①] 农村留守儿童即属此列，他们的游戏、早期阅读、朗诵、唱歌等活动，因监护人自身知识本平不到位基本无法得到保障。

3. 早期经验匮乏

早期经验是指个体在发展的早期阶段受到对以后发展产生重大影响的刺激。个体在发育初期所接受的早期经验，对其身体发育、生理机能、知觉、情感、行为、动机、学习、社会化等各个方面，都具有深远持久的影响。[②]

"儿童早期经验的主要来源是父母的抚养"。[③] 然而，因父母过早外出打

---

①　联合国儿童基金会：《全球仅十五国制定支持家庭育儿三项国家政策》，《中国妇女报》2017 年 9 月 27 日。

②　林玉芳：《比较心理学关于家庭教育中早期经验的研究》，《当代青年研究》1998 年第 6 期。

③　缪小春：《儿童早期经验在心理发展中的作用》，《心理科学》2001 年第 3 期，第 319~322 页。

工，留守儿童失去了获得早期经验的宝贵时机。霍妮关于早期经验的理论指出，儿童依赖父母才能得到所需的安全感和满足感。如果在儿童的早期，父母无法给予儿童必要的爱和关心，儿童的安全感将无法满足；父母对儿童长久的忽视和不用心，会使儿童对父母产生"敌意"。更为严重的是，一方面儿童怨恨父母无法给予自己足够的关爱，致使儿童在心里疏远父母；另一方面儿童又因为无助、怯懦、幼小而不得不依靠父母。这种矛盾的心理如果不能及时得到疏解，会使儿童产生焦虑感，影响儿童的人格发展和基本的社交需要。[①]

有记者在新闻中写道："5 月 25 日，一岁的苗苗（化名）站在阴暗的房间里，惊恐地看着走进家门的记者。父母在外地打工，平时除了爷爷奶奶，小姑娘几乎没有机会见到生人。'不谈不谈，你们赶紧走吧，俺娃胆小。'苗苗的爷爷板着脸抽着烟说。听了这话，苗苗靠在爷爷怀里哭起来。奶奶生气地驱赶记者，用力把门关上。"[②] 在贫困农村的留守儿童家庭，爷爷奶奶等隔代监护人为了维持家中生计，很多情况下带上儿童一块下地、放牛，爷爷奶奶忙于干活时，儿童就独自在一边玩耍，很少有机会与监护人或其他人用目光、语言进行情感交流。空闲时，爷爷奶奶带着孩子在村边溜达，消磨时间；更多的时候，儿童则是待在自家院子里玩。由于缺乏必要的社会交往经验，此类儿童容易出现认知发展滞后、心理封闭、拒绝正常交往等问题。

W. 戈尔德法尔布的研究表明，孤儿院内的儿童一部分自闭、对人冷漠，一部分又格外渴望情感交流。究其原因，则是因为缺乏社会交往刺激和感觉刺激。"狼孩"的例子揭示，错过语言的关键刺激期，要想通过训练恢复是很困难的。另外，如果幼儿在童年时期获得的是消极经验，如被忽视、责骂和受虐待，这种消极经验会影响他们的情感发展和社会化进程。

---

① 尹慧：《关于早期经验的理论及其对人格教育的启示》，《前沿》2010 年第 1 期，第 125~127 页。

② 王羚：《人口隐形危机：逾 50% 农村幼儿认知滞后》，第一财经网站，https://www.yicai.com/news/5301770.html，2017 年 6 月 18 日。

四　解决方案：让农村留守儿童有切实的依托，不再"空守"和"独守"

（一）建立留守儿童关爱服务体系

1. 调研地留守儿童关爱扶助的相关措施

（1）一些省市政府相关部门正在统筹留守儿童扶助的工作。陕西蒲城县农村留守儿童"合力监护—相伴成长"关爱保护专项行动实施方案中提出：县政府为切实做好留守儿童的扶助工作，为留守儿童的健康成长保驾护航，计划牵头实施合力监护工程（监护人、临时监护人、村委会、居委会等相关监护规定）、相伴成长工程（做好留守儿童受教育工作，志愿者、社会团体同儿童共同成长）、关爱帮扶工程（完善报告、应急及评估机制）、金盾保护工程（严厉打击遗弃行为）和救助兜底工程5个相关工程。

（2）普遍对留守儿童的分布情况进行摸底排查。福建某省级扶贫开发工作重点县的部门负责人表示："2016年接到上级通知，就已经展开了农村留守儿童的摸底排查工作，我们对农村留守儿童的数量规模、分布区域、结构状况以及农村留守儿童的家庭组成、生活照料、教育就学等基本信息都有全面、清晰的掌握，同时还建立了农村留守儿童信息库，健全了信息报送机制。"

（3）社会其他力量也在积极为解决留守儿童问题贡献力量。陕西蒲城县由民政局、工商联主办，慈善协会、达仁社区居委会协办，共同开展了蒲城县"关爱农村贫困留守儿童—助力脱贫攻坚"公益活动，为留守儿童带去了资金援助和相关生活用品。当地妇联还和国际计划①共同开展"幸福家园"项目。该项目涵盖大部分乡（镇），具体内容包括乡镇活动室每周开

---

① 国际计划是一个以儿童为中心的、非宗教、非政治、非政府、非营利的国际人道主义发展组织，从1995年起在中国开展工作，被公认为是一个在世界占领先地位的以儿童为中心、以社区整体发展为目标的世界性组织。

放，配备爱心妈妈 2～3 名；每月开展主题活动两次，在发放营养包的同时，为留守儿童带去妈妈般的关怀。"我们会开展一些关爱活动，2014 年开展关爱留守儿童义拍义卖义演活动，每年都会有一些。"福建某县工作人员回忆道。

（4）针对留守儿童开展了多项活动。陕西省政府和文化局及文化协会等机构开办了"农家书屋"工程，该工程惠及每个乡（镇）。为尽量满足农村儿童尤其是贫困儿童、留守儿童的读书需求，增长儿童文化知识和见识，"农家书屋"还特别举办了讲座和交流会。自 2009 年以来，福建省各级法律援助中心通过在妇联、共青团及乡（镇、街道）和社区设立援助站，构建了农村留守儿童维权"绿色通道"。

（5）针对家庭小单位的项目开展得如火如荼。陕西蒲城县妇联、妇女发展协会组织同国际计划一同发起了针对农村妇女的小额信贷项目。该项目既增加了乡（镇）村民家庭的资金来源渠道，又提高了农村妇女的经济地位，改善了家庭环境，一举多得。陕西省开展家庭教育培训课程，组建本地专家团队（包括妇女主任、优秀教师、国际计划人员等），建立了家庭教育指导中心。福建省也在其省内开展了"向导计划"试点工作，让社工、志愿者成为农村留守儿童成长中的"一对一"向导和学习榜样，弥补了留守儿童在生活中父母角色的缺失。

2. 留守儿童关爱服务体系的主体框架

各地经过总结探索，大体形成了政府、社会、学校、社区、家庭五位一体的留守儿童关爱服务体系。

留守儿童关爱服务体系的主体框架包括以下几个方面。一是以政府为主导，发挥政府的带头引领作用，如政策宣传与支持、费用减免及相关补助，减轻留守儿童家庭的后顾之忧；二是发挥民间社会团体的作用，积极招募志愿者，进行"一对一"帮扶，为政府做补充；三是凸显社区（村）的服务功能，实施留守儿童"临时监护人"等政策，使政府政策深入群体，延伸到家家户户；四是以学校为纽带，通过学校开展多样活动，使儿童融入集体，进行家庭、学校、社会等多方面沟通；五是以家庭为本，留守儿童的根源在家庭，注重家庭精神力量的培养更为重要，儿童乐观自信、自在充盈地成长，才能在以后的道路上不被"贫穷"思维所牵引。①

3. 现有关爱服务体系中的设计缺陷与不足

从实践效果来看，现有的关爱服务体系产生了一定的成效，但仍存在部分设计上的缺陷与落实上的不足。

（1）政府部门难免产生低效沟通。政府各部门分管不同事项，易造成"都管"又"都不管"的尴尬局面。如留守儿童的体检防疫工作由卫计局主管，人员外出流动由人事局主管，教育由教育局主管，生活事务等由民政局和妇联分管，各部门之间难免会因统计维度的不同造成数据误差，增加统筹工作的困难度。简言之，欠缺对留守儿童情况的全局规划和协调。

笔者在访谈中问及"两免一补"情况时，仍有部分村民表示对扶助政策不甚了解，只知道发了钱，而不知道款项的用处及由来。村民对资金贷款政策的了解更是信息闭塞，多数都是大家口耳相传。

部分留守儿童家庭"一对一"帮扶人员工作不到位，并未给对应帮扶家庭带来切实改变，只是象征性地完成了被分配的工作。

（2）第三方组织和志愿者活动具有不稳定性。有数据显示，每年约有500万名大学生参加暑期社会实践活动，他们中的一部分将前往农村地区参加支教活动。如果事先的宣传、培训、安排得当，他们会给农村孩子带来一些欣喜和改变。但问题是，他们中有多少是倾心奉献？半个月或一个月的时间又能给当地孩子带来什么样的改变？② 即使让留守儿童看到农村外生活的曙光，但这一闪而过的非连续的刺激又能带来什么影响？

某电视台播出的《变形记》节目，将农村儿童和城市儿童互换家庭，

---

① 黄诚：《如何构建留守儿童关爱服务体系——几种社会理论的启示》，《经济与社会发展》2014 年第 2 期，第 86~90 页。

② 《别让暑期社会实践成为"走过场"》，中评网，http://www.crntt.com/doc/1043/5/8/9/104358987.html?coluid=59&kindid=0&docid=104358987&mdate=0820102143，2016 年 8 月 20 日。

城市儿童在乡村贫困地区学到了朴实、勤劳、脚踏实地、勤俭节约等品质，转身回归城市繁华生活的拥抱；农村孩子在体验到条件便捷的城市生活之后，回到乡村，重新面对巨大的城乡差异。有人曾说"我本可以忍受黑暗，如果我不曾见过阳光"，也有人说"正因为有期待才会有希望"，孰是孰非不得而知。

民间团体更是由于资金、场地等问题，活动难以为继。在问及农家书屋工程的运作状况时，得知书屋管理人员没有任何报酬，纯属志愿，他们在书屋管理和活动举办时举步维艰。

（3）农村乡（镇）社区、学校条件匮乏。农村乡（镇）社区缺乏资金、场地、人员。大多数农村青壮年劳动力外出，适龄人员较少，开展公益性活动报酬过低，难以吸引到看护和照顾留守儿童的人员，加之缺少开展教育活动的专门场所，这使对留守儿童看护和照顾的质量大打折扣。

农村学校条件差，阅览室图书较少，不能满足儿童的需求；音体美教师短缺，开设的学校课外活动单一；专业心理辅导老师和心理辅导室少之又少；有的乡村小学没有计算机及网络设备，寄宿儿童无法跟父母进行视频通话。

（4）关爱体系中缺乏家庭教育内容。现行关爱服务体系没有把家庭教育这一块放进去，这是一个严重缺陷。关爱服务体系与家庭教育两张皮，互相不联系、不交流，各说各话，各行其是，这种局面对留守儿童的发展极为不利。

目前，面向家庭的教育培训专业性不够，往往寻求通用的"教娃"道理，而忽略每个孩子都是独立个体的特性。家长需在与儿童的互动中找到合适的相处模式和教育方式，而当谈起家长如何与子女共处、家庭成员之间有何种共同活动时，其回答往往是"出去玩""看电视"这样简单；部分家长过于看重孩子的学习成绩，希望有对应科目教师来辅导孩子的功课，但很少有家长重视儿童的日常阅读、互动游戏、心理健康和人格发展，陪伴儿童的质量普遍偏低。有的外出打工回来的父母负面情绪严重，充满了对现实的无奈和抱怨，给孩子带来的则是消极影响，导致一些孩子对社会产生怀疑心理，不愿走出家门与他人相处。

总之，解决留守儿童问题的重点在于发展家庭教育。留守儿童关爱服务体系必须把家庭教育视为整个服务体系的一部分，其中的关键是提升家长的素质。换言之，只有外部辅助力量和家庭内部力量形成合力，才能有效地帮助留守儿童走出困境。而在家庭教育方面，最重要的是家长的身教。只有家长具有善良真诚的内心、积极进取的人生态度和改变、改善命运的决心，农村留守儿童的明天才有希望。

（二）进一步完善留守儿童关爱服务体系的相关具体建议

1. 通过法律政策层面的努力，加强对留守儿童权益保障

（1）立法保障留守儿童基本权益。联合国儿童基金会发布的报告《生命早期对每一名儿童至关重要》显示："32 个国家缺乏促进儿童大脑早期发育的政策，未能给家庭提供两年免费学前教育、6 个月带薪哺乳假和充足的带薪产假，将影响约 8500 万名 5 岁以下儿童。"这里实际上提出了一个关于儿童早期成长基本政策规定的问题。如果我们能够借鉴国际经验，制定并落实支持家庭育儿的基础性国家政策，包括实习两年免费学前教育、婴儿出生头 6 个月的带薪哺乳假、母亲的 6 个月带薪产假和父亲的 4 周带薪陪产假等[1]，给陪伴幼儿的父母提供实质性的帮助，那么幼儿的早期发育就有了政策性保障。

相比英、美、日、法、德、新加坡等国明确将"家庭教育"条目加入宪法或修正案的做法[2]，中国家庭教育的"法"性明显偏弱；相比国家教育和社会教育的法制化程度，家庭教育层次的法制建设明显滞后。系统的《家庭教育法》出台是时事所需，为包括留守儿童在内的所有儿童提供法律化、制度化的家庭教育保障。《家庭教育法》应明确规定，父母是留守儿童

---

[1]　联合国儿童基金会：《全球仅 15 国制定支持家庭育儿的三项国家政策》，《中国妇女报》2017 年 9 月 27 日。

[2]　教育部关心下一代工作委员会"新时期家庭教育的特点、理念、方法研究"课题组：《我国家庭教育的现状、问题和政策建议》，《人民教育》2012 年第 1 期，第 6～11 页。

的监护人，应积极履行相关的责任和义务。① 针对留守儿童父母缺位尤其是母亲缺位的问题，应明确制定相关条款，如儿童 3 岁之前不允许父母双方外出工作，如有特殊需求，双方连续离开时间不得多于 1 周；儿童 3 岁之后可允许一方离开，要求有一方（最好是母亲）在家陪伴。针对留守儿童的情况，政府可先从奖励儿童 3 岁前不离家的妈妈开始做起，每年给她们发放一定金额的"陪伴幼儿奖励券"（可自由兑换成育儿商品和服务），使母亲有余力充分且精心地照顾儿童。

（2）发挥政策的引领作用

全社会需提高对留守儿童问题的重视度，积极向留守儿童施以关爱。随着科技的发展，农业生产不再需要数量庞大的农民，而城市化建设又急需大量的劳动力，所以农村人口城市化是一个必然趋势。城市化是一个漫长的过程，其中伴随着某些人群、某些家庭的痛苦，留守儿童即是这个痛苦的最大和最终承受者。全社会应当共同关注留守儿童的状况，政府应义不容辞地出台相关政策和加大资源投入；同时，在解决农村留守儿童问题上，城市既得利益者应承担起部分责任。

但目前是，许多人还把这个问题仅仅看成是农村的问题、农民的问题，而不是全社会所有人的问题。这种认识上的误区，是制约留守儿童问题顺利解决的最大障碍。

第一，政府和社会各界需要坚持不懈地努力，通过广泛的宣传与动员，提高全社会的关爱与帮扶意识，帮助农村、农民加速转型，逐年减少留守儿童数量，让更少的农村孩子承受这样的痛苦。通过与文化、艺术、影视人员合作，运用文艺作品的形式来提高社会对留守儿童问题的关注度也是政府可选择的方式之一。例如，讲述留守儿童千里寻亲的亲情电影《逆生》，深刻地表达了外出打工父母的无奈和留守在家儿童的辛酸。事实证明，这类电影的播出能引发更多人关注留守儿童的问题。

第二，政府应尽力改善小城镇及周边乡村投资环境，积极创设产业链，

---

① 陈怡：《农村留守儿童家庭教育问题研究》，扬州大学硕士学位论文，2012。

挖掘整合当地经济资源，引进职业技术人员，实现农村经济长足发展。此外，完善农村基础设施建设，增加就业机会，以使留守儿童父母能够就近就业。

第三，改善城乡二元体制，以户籍变革为中心，辐射教育、医疗、社会保障等多个方面。对不得已而外出打工的父母来说，最重要的是打破户籍制度，使城市的教育资源能够向农民工子弟开放，给予所有儿童公平受教育的机会，"切实解决进城务工人员子女平等接受义务教育问题"①。2017 年 10月，北京市教委称："针对当前本市城镇学位紧张和农村义务教育质量相对较弱的问题，合理规划学校布局，通过学校新建改扩建和挖潜等多种渠道，增加学位供给。"② 同时，加大对农村教育资金的投入力度，改善农村学校的软件和硬件，使在学留守儿童能够接受更好的教育。这也是解决留守儿童问题的举措之一。

第四，要健全关爱和帮扶留守儿童的专项部门、专项机构、专业团队，协调相关的关爱、帮扶政策和具体事务。一是要通过这些部门、机构、团队为留守儿童开设便利的求助热线，提供在线咨询、线上课程等服务，内容包括家务辅导、课业辅导、情感沟通、心理疏导、法律援助、医疗服务等；二是组织专业人员编制农村家庭教育指导师课程和教材，建立农村家庭教育课程体系，为留守儿童和家庭提供专业化指导。

2. 发挥农村社区服务功能，进一步发挥第三方公益组织力量

农村社区可以考虑动员当地党员干部、村委会成员、离退休教师及有能力、有爱心的村民贡献爱心，组成留守儿童关爱及援助组织，帮助解决留守儿童的实际困难。通过他们，建立农村留守儿童服务机构，如儿童早期发展养育中心、留守儿童托管中心、留守儿童校外辅导站、乡村少年宫、农村文化活动中心等，托管、辅导和照顾留守儿童，为留守儿童组织文娱活动。在城市社区，可建立由政府资助的半公益性质的"儿童寄养中心"，让有爱

---

① 《国家中长期教育改革和发展规划纲要（2010～2020 年）》，2010 年 7 月。
② 《应对人口疏解 北京市教委将加强流动儿童学籍监控》，财新网，http：//china. caixin. com/2017 – 10 – 23/101159721. html，2017 年 10 月 23 日。

心、有能力的城市居民为农民工的子女提供寄养帮助，美国、荷兰等发达国家的寄养制度可供我国参考。

此外，要发挥第三方公益组织的力量，在农村社区建立爱心专项基金，开展爱心公益活动，给予留守儿童物质和精神方面的切实帮助。

3. 学校是留守儿童关爱服务体系的支点和根据地

学校是留守儿童关爱服务体系的支点和根据地。社会各界帮扶力量要通过学校进行整合，形成一个留守儿童关爱和服务的信息中心、资源中心和指导中心。

学校应建立并完善留守儿童成长电子档案，组织人员对留守儿童进行一对一帮扶；争取每所学校建立一个心理健康咨询室，配备一名专业的心理咨询教师，开设心理信箱，鼓励留守儿童释放自己的情绪，为留守儿童排忧解难；学校尽可能多的开展文体活动，发挥音、体、美等类型教师的长处，为留守儿童创设轻松愉快的学习环境；[1] 教室尽可能配备一批网络计算机设备，使留守儿童与家长视频通话更加方便，在儿童情绪不好的时候，也能及时得到家长的指点；开展高校与贫困县中小学的帮扶连接活动，组织高校学生在寒假到对口的"帮扶点"帮助留守儿童。

4. 加强家庭教育的自教自助、自我激励功能

归根结底，社会各界对留守儿童的关爱、援助，都是解决问题的"外力"；家庭作为"命运共同体"的成长，亲子关系中的爱与理解、抚养和照顾，才是解决留守儿童问题的"内力"。正是因为如此，才要高度重视和评价家庭教育在帮助解决留守儿童问题上的作用。

农村贫困地区的家庭教育问题与留守儿童问题，经常是相互联系、相互纠缠的两个问题。因此笔者主张，在留守儿童关爱服务体系里，一定要加入家庭教育方面的内容，要重点通过家长教育，转变家长的思想观念。当然，这一定是与在法律、政策、制度、经济、物质、心理方面的援助同时进行。

---

[1] 雷盛刚：《农村留守儿童家庭教育问题研究——以江西安义县为例》，江西师范大学硕士学位论文，2015。

　　笔者希望，通过改善农村贫困地区的家庭教育特别是家长教育，使父母学会如何表达爱；掌握必要的家庭教育知识和方法，更科学地认识孩子、对待孩子，有效地指导孩子成长；能够尊重孩子的个性，与孩子建立良好的亲子互动关系。外出打工的父母尽可能多地与儿童进行沟通和交流，提高亲子之间的沟通质量；关心儿童的身心发展与学习现状，鼓励儿童说出自己的感受、想法并予以热切的回应。有条件的家长可在打工回家时给儿童购买适当的学习用具、小礼物，以表达自己的关爱之情。父母在家时，要多开展亲子游戏、阅读指导、共同歌吟等活动，多一些基础性的养育行为，注重与孩子的肌肤接触、目光交流和语言反馈；要教会儿童如何认识事物，如何待人接物，及时抓住儿童的优点进行鼓励，提高陪伴质量。

　　家庭教育，具有强大的自教自助、自我激励和修复、自我成长的功能。它的作用和影响，可以部分逾越时空限制。言传身教的家庭教育，父母无处不在的关爱和叮嘱，是暗夜里的光明、寒冬里的热量，是帮助留守儿童度过孤独的困难时期、培养自己主心骨的精神支柱和心理养料。

《中国教育发展与减贫研究》2018 年第 2 期
第 142～155 页
© SSAP，2018

昔日种石得玉，今天琢玉成器

——河北省玉田县第一中学助力贫困学子圆梦大学的实践和启示

包凤岭

【摘　　要】河北省玉田县第一中学在助力贫困学子方面采取多项举措进行教育精准扶贫。首先是扶贫先济困，给予每个贫困孩子宝贵的学习机会；其次是扶贫重在增智，帮助贫困学子考上大学；最后是扶贫还要扶志，培养贫困学生靠奋斗改变命运的决心和信心。"精准扶贫"在玉田一中按照其特有模式进行，充分发挥学校、教师在教育扶贫工作中主体作用，勇于担当，硕果累累。

【关 键 词】贫困学子　教育精准扶贫　阻断贫困
【作者简介】包凤岭，河北省玉田县第一中学校长。

玉田县位于河北省东北部，唐山市最西端，北枕燕山余脉，南睦渤海之滨，是历史悠久的千年古县。玉田县是典型的农业大县，全县地势北高南低，北部燕山余脉多旱情，南部地势低洼多水涝。县域内少工商业，人民收入微薄。全县总面积 1170 平方公里，其中耕地 107.2 万亩，总人口为 69.2 万人，其中农业人口为 57.9 万人，多以从事农业生产为主。改革开放 40 年来，玉田人民在各级党委、政府的领导下，艰苦奋斗、努力拼搏，贫瘠的生活状态得到改观，但依然有相当一部分群众家庭经济基础脆弱，偶遇家庭重大事件，即导致家庭经济状况下滑，生活压力陡然增大，生活陷入困境。

玉田的县情决定了玉田子弟求学之路的艰难。于学校而言，贫困家庭学生所占的比例高，无论是对学生个人的前途，还是对学校的发展来说，都是很大的阻力。为此，学校和教师除了要做好教育教学工作之外，还要对贫困生生活、学习、思想等方面进行高效帮扶，多方式、多途径、多角度地解决贫困家庭学生在校生活的物质困难，使其不为家境困难所累；解决学习中的疑点困惑，使其坚定求学信念，出色完成学业；解决思想上妄自菲薄的心理状态，使其梦想不被贫困击毁，树立高远的志向，即通过"扶贫济困""扶贫增智""扶贫扶志"全方位、立体化的帮扶措施和方法，使学生坚持通过自我的努力奋斗，改变生活境况，以优秀的才学本领报效国家。正所谓，无终琢玉，任重道远。

作为玉田县的第一学府——玉田县第一中学（以下简称玉田一中）自1951 年成立以来，几易其址，现址坐落于玉田城北京哈公路北侧，校园占地 185 亩，建筑面积约为 60000 平方米。目前，学校有 93 个教学班，在校学生接近 5000 人。校级领导 7 人，中层领导 32 人。教职工 462 人，专任教师 423 人，其中高级教师 162 人，一级教师 238 人，省级、市级骨干教师 38人，市兼职教研员 6 人，硕士研究生 27 人。

通过几代人的艰辛打拼，玉田县第一中学在这块育人的热土上，历经了68 载的风风雨雨，办学条件逐年得到改善，办学质量连年取得突破，高考成绩和升学率始终居唐山市同类学校前列。如今已成为河北省首批示范性高中、省级文明学校、省电化教学示范校、中央教科所（中国教育科学研究院）"素质教育理论与实践研究"实验校、唐山市高考强校、全国课改名校。

在这里，老师们含辛茹苦，不崇时尚，不求闻达；远亲友，疏宾朋；默默灯下无怨语，但求弟子成栋梁。寒来暑往 68 载，老师们排除万难，砥砺前行，琢璞成玉。68 年风雨无阻，时至今日，已有 8 万多名学子从这里振翅高飞，通过高考改变了命运，实现了自己的大学梦想，奋斗在全国各地的各条战线上。玉田一中在"种石得玉"的神奇土地上，续写了琢玉成器的新篇章。

一　教育垦荒痴心不改，无终琢玉与时俱进

忆往昔，众多寒门学子，在玉田一中这个大家庭中，不仅有学业的精进，更能感受到家的温暖。

（一）扶贫首先济困，不让一个考入玉田一中的孩子因为贫困而丧失宝贵的学习机会

由于玉田县经济发展相对滞后，几代学校领导都意识到，贫困生现象可能是一个长期存在并困扰学生个人和学校总体发展的问题，直接关系学生个人的前途命运和学校办学质量的提升，更重要的是这个问题解决得好坏关乎国家选拔人才的质量。为此，学校始终将扶助贫困生完成学业当作大事、要事、紧事来抓，并纳入学校整体工作规划之中，积极思考对策，努力探索培养贫困生的途径和方法。

20 世纪八九十年代，为了切实解决贫困生的实际困难，在玉田一中学校团委的主持下，学校成立了贫困生协调小组，主要成员包括当时所有的班主任和班干部，专门负责解决贫困生生活和学习问题。在工作中，班主任负责组织摸排，班干部负责了解贫困生的生活细节并及时反馈。协调小组每月召开通气会，对全校贫困生进行汇总并列出重点要解决的问题，然后出台方案并组织实施，很多贫困生因此被减免了学杂费用，缓解了由家庭困难所带来的学习压力。贫困生协调小组的成立，在当时的历史条件下，是一次很有实效的校级探索和实践，对解决贫困生的实际困难，稳定贫困生的学习状态，起到了不可低估的作用。

21 世纪以来，特别是党的十八大以后，在精准扶贫大政方针的指引下，学校按照上级有关政策，组织全校领导、教师召开多次扶贫专项研究会议，在继承原有的扶贫做法的基础上，进一步精心谋划，组建由学校主要领导担任组长的"玉田一中扶贫工作领导小组"，专门成立"玉田一中学生资助办公室"和精准帮扶贫困家庭学生的爱心园丁团队，完善建档立卡机制，提

高国家助学金使用的精准率，并想尽一切办法引入社会资助、优秀校友反哺资助，让每一位在玉田一中求学的学子都不因生活上的困难而有辍学之忧，保证他们顺利完成学业，走进自己理想的大学殿堂，改变自己的命运，改变家庭的命运，阻止贫困的代际传递。

经过玉田县扶贫办审批的农村低保、城镇低保、家长身患残疾的贫困家庭学生，可享受国家助学金补助标准每生每年不低于2000元，可获得玉田一中给予的"三免一助"的帮扶，即免学费、免住宿费、免费提供教材书和国家助学金。对于持有扶贫手册的市级贫困家庭的学生，在"三免一助"的基础上可免交校服费，享受国家一级助学金。学校为这些同学建立详细的帮扶台账，以便跟踪情况，及时调整帮扶办法。

近五年以来，玉田一中共申请国家助学金763.675万元，帮扶学生8112人次，帮扶率达到在校生人数的18%。为了提高国家助学金使用的精准率，真正实现国家助学金善款善用、雪中送炭的帮扶作用，玉田一中既多方了解，又严格把关，制定了严密的申请、审批程序，保证扶贫路上不落下一人。

玉田一中还积极引入社会资助、优秀校友反哺资助。其中引入国网玉田供电公司、玉田恒久印机、玉田诚远印刷包装机械有限公司、易捷汽车租赁有限公司、小糊涂仙酒业玉田分公司等企业和毕业优秀校友等个人帮扶资金，解决了80多名贫困家庭学生的生活和考入大学后的路费困难。学校全力以赴解决贫困生的一切困难，让他们生活学习在一个温暖的大家庭中。

（二）扶贫重在增智，为帮助贫困学子考上大学不惜呕心沥血

在玉田一中，从校领导到每个老师都有一个共识，即对贫困学生最根本、最长远的关爱，莫过于开发他们的智力，挖掘他们的潜能，尽最大努力帮他们考上大学，助其登上改变个人命运、实现人生出彩的阶梯。为此，学校和老师们不惜呕心沥血。

1. 针对贫困生这一特殊群体不断进行教学改革

学校领导根据上级政策和学校贫困生多、学习底子薄的实际情况，总结

摸索了"六抓"教学法。一抓双基教学,在讲透基本知识的前提下,加强学生的基本技能训练。二抓精讲多练和启发式教学,克服讲得多练得少、灌得多启发少的倾向。老师讲课要做到语言精、板书精、选例精、作业精,每节课至少留出 15 分钟让学生看书、练习和思考;用适当的回答、讨论和动手实践,启发学生思维。三抓教师在职进修,专题研究如何适应农村孩子特点改进教学方法,让他们能够听得懂、记得牢。四抓改进学生学习方法,做到预习、听讲、作业、复习四认真,养成良好的学习习惯。五抓课外阅读和科普知识讲座,扩大学生的知识面。六抓毕业班的复习指导,通过重点精讲、测验检查、教师讲评、查缺补漏、基本技能过关等手段,全面掌握基本知识,达到融会贯通,为参加高考打牢根基。

在日常教学的基础上,玉田一中进一步总结历年高考经验,又归纳出指导教学的"三十二字经验"和"五先五后"学习方法。三十二字教学经验是:教学任务——加强双基,培养能力;教学要求——学懂、记牢、练熟、用活;教学方法——精讲多练,开拓思维;教学策略——面向全体,分类推进。"五先五后"学习方法是:先预习,后听讲;先理解,后记忆;先复习,后做作业;先分析,后动笔;先审题,后答卷。自 1978 年恢复高考以来,学校领导一直坚持因材施教、分层授课的做法,满足了不同类别学生的学习需求,尤其对因家贫致学困的学生成绩的提高起到了极大的促进作用。

为了改善办学条件,能让学生有一个温馨舒适的学习环境,在县委、县政府的领导下,举全县之力,玉田一中于 2001 年喜迁新址,办学条件和环境得到了极大改善,在全市率先开通了校园局域网,成为河北省首批现代教育技术实验学校。迁入新址后,学校进一步明晰发展思路,实施"九年三步走"战略,在教学方面也进行了大刀阔斧的改革,开展了"234"课堂模式和"STT"学习模式的实践。"234"课堂模式,是指根据授课内容多少、难度大小,将两节甚至三节自然课的内容组成一个授课单元,每个单元分为自修、破疑、训练三个步骤来完成,根据学生的基础能力,分为四个层次,设置不同的教学起点和练习难度,提高教学的针对性;"STT"是分别取"结构""合作""思维"三个英文单词的首字母,是一种问题导学型学习模式，它以解决问题为核心，以学生活动为主线，旨在通过结构自修发现问题，通过合作探究解决问题，通过思维训练巩固知识。

近年来，在原有教学改革和课堂改革的基础上，学校根据新形势的需要，又确立了"34624"智慧课堂教学模式。"3"是指动态式、民主式、启发式；"4"是指接受、主体、合作、探究；"6"是指师生共同备课、微课启迪自修、问题导学策略、小组合作学习、课堂教学评价、思维导图训练；"24"是指教师讲解、启发、拓展、评价、总结、检测和学生自修、讨论、质疑、展讲、探究、训练24个字。2014年9月，全国学本教育联盟在玉田一中召开了课改实验现场会，推广了玉田一中的经验做法。

2. 坚持多元发展，为贫困学生成长成才搭台铺路

在文化教育的同时，学校非常重视音体美工作，将其作为学校发展的重要组成部分。本着"健康第一"的指导思想，学校大力开展丰富多彩的群众性体育运动和篮球、田径等专项业余训练活动，既对增强学生的体质，保证教学质量起到了良好的促进作用，又为国家培养了一批优秀的运动健将。在音美活动的开展上，学校在20世纪70年代就设有专职教师，并成立了文艺队和美术小组，培养出了一批又一批优秀的艺术人才。学校坚持多元化发展，为贫困生开拓出了多条摆脱贫困、砥砺成才的路径。

3. 努力造就一支对农村贫困孩子有同情心、有爱心并且有过硬业务素质的教师队伍

为提高教师业务素质，学校多措并举，把教师进修内容分为业务进修和文化进修两个方面，把进修对象重点放在了青年教师，施行"入校教育定目标、新老传带结对子、开展活动练内功、评选先进树典型、大胆提拔压担子"的青年教师培养思路，并取得了显著的效果，很多青年教师在教学业务比武中脱颖而出，既能在教学中独当一面，又能在管理上和学生打成一片，所有这些为学校长远发展奠定了坚实基础。21世纪以来，随着时代的进步，玉田一中不断学习研究、吸纳践行新教学管理理念，在教师队伍建设方面，不断创新，陆续开展了教师中长期职业规划、名师自塑工程、"青蓝工程"、青年教师大比武等大型活动，鼓励教师参加各级别的研修和外出竞赛活动，既稳定了教师队伍，又极大地调动了广大教师的工作积极性。

教学方式不断革新，教师素质全面提升，为玉田一中扶贫工作中的"扶贫增智"提供了强有力的保障，正是因为玉田一中的教师深深挚爱着玉田这片热土和玉田子弟，才让这些贫困学子无论在多艰难的境况中，都能畅快地汲取知识，都能得到爱的温暖。

（三）扶贫还要扶志，不仅给贫困学子插上知识的翅膀，更要让他们树立靠奋斗改变命运的决心和信心

物质缺乏可以通过自身努力去改变，精神贫瘠才是最可怕的。家庭经济困难的学生往往既有对知识的需求和对未来的期望，又有经济原因而带来的自卑、颓废和逆反等心理。对这一群体的学生开展思想教育，特别是对家庭经济困难学生进行精神扶助，从而激发他们奋发进取、努力拼搏，显得尤为重要。

自 20 世纪六七十年代开始，学校便将思想教育作为解决贫困生问题的重要途径之一，将对贫困生的扶志工作融入日常的德育工作之中。为了提升贫困生学习的信心，学校组织了由主管领导、班主任和教导干事组成的工作队伍，依据分工，各司其职，使工作做到全方位、多渠道、多角度。在工作中，学校充分利用班会、播音室、橱窗、板报、校刊、电教厅等宣传阵地和宣传形式，根据情势发展需要，不断推出相关内容。学校还开展了"请进来、走出去"的活动，邀请做出一定成绩的老校友回母校做报告，组织师生"走出去"，参观工厂、军营，到烈士陵园扫墓，节假日慰问老红军、敬老院的老人，去公共场所参加公益劳动等。

在德育教育方面，学校逐渐形成了"观—写—议—评—行"五环节育人模式，同时还开展了一系列道德大讲堂活动，使全校师生的思想道德建设迈上一个新台阶，取得令人满意的效果。

学校本着立德树人的原则，通过不同的形式，在思想精神上为贫困生打气助威，使他们不为贫穷所困，树立远大的志向，历练他们的心智，帮他们树立克服困难的决心和勇气，成为国家的有用之才。

步入新时代，玉田一中的办学理念更加前沿，学校立足践行"师生共同发展，倡导智慧教育，打造精英校园"的核心理念，紧紧围绕把玉田一中每一名学子都培养成为"胸怀梦想，情系祖国，放眼世界，身心健康"的具有可持续发展素质的社会精英的培养目标。在培养目标的指引下，在育人方式不断更新的背景下，玉田一中全校上下对贫困家庭学生"扶贫扶志"的理念愈发坚定，专门组建了爱心园丁团队，对贫困生进行一对一思想帮扶，解决贫困生由于家庭贫困带来的思想困惑多、不敢立大志的心理问题。爱心园丁团队的每一位成员每个月都会主动找到帮扶对象进行两次谈心交流，及时了解贫困生的思想动态、学习状况，并记录、关注变化。

二　几番雕琢终成器，教育扶贫硕果累

正是由于玉田一中始终不忘为国家育才的初心，几代人在极为困难的环境下，才能够坚守职业操守，将全部身心扑在学校的发展上，扑在贫困学生成长的过程中。在学校发展的各个历史阶段，都涌现出了一大批在逆境中、在爱心呵护下成长成才的典型。

20世纪60年代初，全国教育体系进入调整和稳步提高时期。玉田一中的领导班子和教师队伍进行了择优调整，紧紧围绕教育教学的核心开展工作，教学上抓双基教学和启发式、精讲精练；德育上抓爱国主义和"一颗红心，两手准备"的教育。1964年高考，玉田一中128人（当时只有4个毕业班）参考，被大专以上录取94人，录取率为73%；1965年高考，玉田一中153人参考，被大专以上录取129人，录取率为84%。连续两年夺唐山地区各校第一，创下建校以来高考录取率的高峰。

这个时期，玉田人民的生活状况普遍贫困，但由于玉田一中的教育针对性强，目标性强，老师们又都是带着对学生的关心来工作，培养效果颇佳。学生都能在艰苦的条件下，克服重重苦难，努力学习，为自己拼出了一条摆脱贫困、前途光明的道路，学校也为国家培养了很多人才。在三年自然灾害时期考入玉田一中的学生石永湘，家住玉田最北端的唐自头镇小燕山口村。

这是燕山脚下的一个小山村，土地贫瘠，靠天吃饭。他在家中排行老大，下面还有 5 个弟弟妹妹，父母靠挣工分养活这 6 个孩子，家庭困难可想而知。家境贫寒但天生聪慧且性格刚毅、瘦高个子的石永湘，一进校门就引起了老师们的关注，大家不仅特别耐心地给他传授知识、辅导功课，还为他申请了助学金，更重要的是给他鼓劲加油，告诉他贫穷不足畏，志气最可贵。在老师们的鼓励引导下，石永湘刻苦用功，发奋图强，1965 年成功考入吉林工业大学，毕业后在天津、唐山的大型国企担任技术员、工程师、总工程师，成为业内很有名气的热处理专家。

1977 年 10 月 21 日，全国各大媒体公布了恢复高考的消息，由此重新迎来了尊重知识、尊重人才的春天。玉田一中全校教师备受鼓舞，迅速把工作重点转移到"以教学工作为重点，培养更多人才"上来。1979 年高考，玉田一中参考 330 人，被大专以上录取 124 人、中专录取 106 人，录取率达 70%，其中宋桂苓等 5 名同学被清华、北大录取。同年，玉田一中被确定为河北省首批 159 所重点学校之一。

于文华是这一时期玉田一中扶贫成才的成功典型。她是玉田县玉田镇城六村人，父亲是家里唯一的壮劳力，家庭经济拮据，生活贫苦，平日维持生计已捉襟见肘，供她上学是难上加难。1979 年她考上玉田一中，到 1982 年一直在这里学习。学习期间，除了在生活上受到学校老师关照之外，学业上更是得益于老师们的帮助。由于她在平时的文艺活动中展示出了音乐舞蹈方面的天赋，被当时的音乐老师杨素荣发现，并被介绍加入了校文艺队，自此有了更多学习和展示自己才华的机会。经过老师们的悉心辅导和栽培，1982 年于文华考入了河北省艺术学校学习评剧，1985 年又考入中国音乐学院民族歌剧系学习，毕业后在中央歌舞团工作，现为中国女高音歌唱家，国家一级演员。于文华心中时常挂念给以她无限关怀的杨素荣老师和为她成才铺路搭台的母校，常趁回乡之机，看望老师、拜望母校。

还有家住玉田县潮洛窝乡罗卜窝村的史廷春，1978～1983 年就读于玉田一中。潮洛窝乡罗卜窝村，地处玉田县南部低洼地带，几乎年年发生水患，农业歉收，家庭经济状况可想而知。在玉田一中学习期间，史廷春曾得到 7 元的助学金，他自己回忆说，这七块钱他能花一个多月。求学期间，史廷春深得班主任肖国旺老师和刘继民老师的教诲和鼓舞，立下远大志向，以优异的成绩考入了河北工业大学。并于 1991 年和 1999 年，两度考入清华大学，直至博士毕业，现任杭州电子科技大学生命信息与仪器工程学院生物医学工程与仪器研究所副所长、教授，博士生导师，主要从事人工组织和器官的生物制造和生物医学影像的提取、反求设计、快速成型等研究。

20 世纪 90 年代，全国教育进入深层改革阶段。玉田一中制定了关于学校办学的改革方案，特别是在教学手段和教师奖励机制方面进行了深度改革。深度改革的作用直接体现在学校教育教学成果和教师对学生的关心关怀上。1991～1994 年就读于玉田一中的芦金宝同学，家贫无依，只靠姥姥一人抚养，但他自尊心强，一直未向学校反映，自己硬撑到高二，家境几欲无法维持时，他向学校提出退学的申请。班主任曹玉华老师深入了解情况后，一方面着手组织班内学生主动为其捐款，另一方面向学校反映情况。学校免除了他的全部学杂费用，每月还补助他 30 元生活费。当时，学校团委已经组建了贫困生协调小组，协调小组立即开展工作，号召全校团员为其集资，在学校和众人的帮助下，芦金宝顶住压力，刻苦努力，最终圆了自己的大学梦，开启了崭新的人生。

魏连启，现就职于中国科学院过程工程研究所多相复杂系统国家重点实验室，副研究员，硕士研究生导师。1992～1995 年就读于玉田一中高中。由于家庭条件困难，学习期间经常得到学校和老师的资助，带着一颗感恩之心，他在学业上愈发刻苦努力，最后终于以优异的成绩考入武汉工业大学材料工程系。毕业后，魏连启进入中国科学院过程工程研究所攻读博士学位，并于 2008 年 3 月获博士学位后留所工作。至今，他已经在国内外发表学术论文 20 余篇，其中 SCI 收录 10 余篇；提交申请发明专利 14 项，授权 2 项，其中申请国际发明专利 3 项，授权 1 项。

2001 年，玉田一中迁入新址，办学环境得到改善，办学规模也随之扩大，经过几年的发展，在校生人数由原来的 1500 人左右，增加到 5000 多人。依据形势发展的需要，学校的教研教改、德育管理不断地推陈出新，突出了教师和学生在学校办学中的主体地位，让"以人为本"的理念落到实处。此外，各项规章制度更加建立健全，学校管理更加科学、民主。2004年高考，玉田一中本科一批上线 369 人，本科二批上线 453 人，合计本科二批以上上线 822 人，居唐山市第 2 位。

李道轩，家住玉田县林头屯乡东范家坞村，2003 年考入玉田一中，上学不久就产生了辍学念头，原因很简单，家庭的经济来源无法支撑他完成学业。学校了解情况后，积极联系社会资助，解决了李道轩所有的学杂费用，国家福利彩票基金资助了他三年。2006 年他顺利参加高考并以优异的成绩考入大学。毕业后他响应国家号召，坚持自主创业，现已成为深圳一家上市公司的总经理。

党的十八大以来，玉田一中在"立德树人是教育的根本任务"的指引下，加大民主治校、开放办学的力度，把"胸怀梦想，情系祖国，放眼世界，身心健康"作为培养学生的目标，努力践行"师生共同发展，倡导智慧教育，打造精英校园"的办学核心理念，在继承中发展，深入推进课堂教学改革，确立"34624"智慧课堂教学模式，坚持德育教育创新，坚持学生多元化培养，构建智慧教育体系。2016 年、2017 年、2018 年学校连续三年高考本一上段人数位居唐山市第一名。2018 年高考本科升学率达 97.4%，再创历史新高。

今天，"精准扶贫"的春风吹遍全国的每一个角落。玉田一中组建了精准帮扶贫困学子的爱心园丁团队，对贫困学子的帮扶也已经实现规范化、制度化、常态化。单军，是玉田县潮洛乡北单庄村人，2018 年毕业于玉田一中。母亲身患疾病，父亲只能在家照顾母亲，无法外出务工，经济来源只靠几亩薄田，家境贫寒。在校求学期间，学校对单军开展"四免一助"的帮扶，即免除学费、免除住宿费、免除校服费、免费提供教科书，同时给予其国家一级助学金，每学年不低于 2500 元。单军的学习成绩曾一度徘徊不前，临近高考的三个月里，恰逢母亲再次住院，高考备考受到影响，在"爱心园丁"吴鹏老师和其他团队成员的帮助下，单军的思想困惑得到了解决，他积极备考，成绩提升明显，在学校排名由 647 名提升到 236 名；高考前夕，吴鹏老师又组织各科教师利用早读、饭后时间为单军加强针对性辅导，最终单军取得了较为理想的成绩，顺利考入华北理工大学，圆了自己的大学梦。接到录取通知书以后，学校又联系小糊涂仙酒业玉田分公司，帮助单军克服了上大学的路费困难。家长专门给"爱心园丁"吴鹏老师写来了感谢信。

龚慧，也是玉田一中 2018 年的毕业生，家住玉田县大安镇徐家庄村，上学期间学校给以"四免一助"的帮扶。命运对她很不公平，父亲因病去世，母亲智力低下，无法从事正常劳动，祖父母近 80 岁行动不便，生活的重担一股脑落在这位女孩稚嫩的肩膀上。龚慧很坚强，学习成绩也很优秀，但是因为家庭的原因，心理压力非常大。在"爱心园丁"常珊老师的多次帮助下，龚慧终于放下思想包袱，下定决心要依靠自己优秀的学业成绩、靠自己的知识改变命运，书写绚丽的人生。学习中的她静心沉稳、默默努力，生活中的她开朗向上、乐观阳光，常珊老师组织爱心园丁团队中的其他成员和各科教师利用课余时间适时给龚慧同学加油鼓励，最终龚慧在高考中取得优异的成绩，顺利考入了河北农业大学，实现了上大学的理想。当她收到录取通知书后，学校联系社会资助，解决了她上大学的路费困难。直到现在，"爱心园丁"常珊老师还会经常了解她在大学的求学情况，在学习方法和人生理想方面给以指导和帮扶。

多年来，玉田一中以学校文化建设、教学模式改革、校本课程建设、德育教育创新、学生多元培养、高考科学备考、打造书香校园等重要工作为突破口，锐意改革，务实创新，追求让教育智慧充满校园，始终秉承"为学生未来奠基、为教师发展铺路、为民族腾飞育才"的办学宗旨，形成了"明责、知爱、求真、善教"的良好教风，同时，以"扶贫济困""扶贫增智""扶贫扶志"为目标，向众多寒门学子播撒人性的光芒，传递奋发向上的力量。

在县委、县政府的正确领导下，在全县人民的鼎力支持下，玉田一中在这片充满希望的种玉之田上，正昂首迈向美好的未来。

三　巩固发展已有经验，着眼未来砥砺前行

教育是"琢璞成玉"的事业。每个孩子都有无可限量的潜能，每个孩子将来都是一块不可或缺的社会的基石，学校作为育人的沃土，老师作为琢玉的匠人，只有凝心聚力，砥砺前行，才能使教育扶贫扶困开花结果，才能不负这个时代赋予的使命。学校、教师是教育扶贫工作的主体，应该有强烈的社会使命感，勇于担当，有所作为。

第一，对贫困学生怀有深厚的感情，是搞好教育扶贫的基础。玉田县是农业大县，玉田一中的很多教师也出身于贫困家庭，对年青求学阶段的艰难经历都有着刻骨铭心的记忆，对寒门学子的处境感同身受，这就决定了学校教师对教育扶贫拥有高度认同感，具有敢于担当、主动作为的高尚情怀，带着感情去做好扶助工作自然就成了一种常态。

第二，教师良好的能力素质和学校不断完善的基础设施，是搞好教育扶贫的必要条件。缺少了这两样条件，教育扶贫只能是无源之水、无本之木。正是基于此，学校几代领导高瞻远瞩，不断强化教师队伍建设，从思想到业务，不断完善并落实教师培养的各项制度，不断为教师提供锻炼和展示自我的平台，着力打造一支业务精湛、锐意进取、勇于担当的教师团队。实践证明，正是这支作风优良的教师队伍，在教育扶贫工作中勇挑重担，起到了中流砥柱的作用。另外，玉田一中迁入新址，教育设施逐步现代化，这些硬件条件的改善毫无疑问也为学校的大发展，尤其是为教育扶贫工作的顺利进行起到了保驾护航的作用。

第三，真正将教育扶贫视为己任，只有具备一种敢于啃硬骨头的精神，才能把工作做好。贫困生能否培养好，能否成才，决定了个人和家庭命运是否会由此改变，也是衡量一所学校、一个地区教育发展质量的重要标准。所以，身为教育者当然责无旁贷，不仅不能退缩，反而应该成为站在教育扶贫潮头的逐浪者，迎难而上，主动加压，敢打硬仗。玉田一中在教育扶贫的道路上，每一位教师不仅是亲历者，更是主动参与者，尤其是在新的历史时

期，在精准扶贫政策的指引下，学校上下群策群力，有的放矢，将工作真正做到贫困学生的每一个生活和学习细节上，也做到全县老百姓的心坎上。

教育扶贫是整个扶贫工作的根基，是阻断贫困代际传递的根本力量，因为它改变的不只是一个人的生活质量，更是一个人的精神力量。教育扶贫之路，道阻且长，不忘初心的我们，一直坚定地走在琢璞成玉的路上。

《中国教育发展与减贫研究》2018 年第 2 期
第 156~180 页
© SSAP, 2018

强化协作机制建设 深化"三农"培训服务 硬化乡村发展基础

——以重庆市江南职业学校开展农科教结合培训强农富民为例

陈卫红

【摘 要】为贯彻党的十九大精神,落实习近平总书记对调查研究工作的重要指示精神,在国家实施精准扶贫、乡村振兴战略、科教兴国战略背景下,笔者开展职业教育服务区域经济社会发展调研。本报告介绍了重庆市江津区"兴产富民,兴教强农"的做法、典型案例及取得的成效;梳理出职业教育服务区域经济社会发展协作开展为农培训存在的问题;为进一步提高职业教育为区域乡村经济社会发展服务的水平,针对存在的问题提出合理化建议。

【关 键 词】职业教育 "三农"培训 江南职校

【作者简介】陈卫红,重庆市江南职业学校教科处主任。

党的十九大提出实施乡村振兴战略,这是党在新时代做出的重大决策部署,是决胜全面建成小康社会、全面建设社会主义现代化国家的重大历史任务,是新时代"三农"工作的总抓手。党的十九大提出:精准扶贫是全面建成小康社会、实现中华民族伟大"中国梦"的重要保障。坚持精准扶贫、精准脱贫，坚决打赢脱贫攻坚战，让贫困人口和贫困地区同全国一道进入全面小康社会是我们党的庄严承诺。

重庆市江津区深入贯彻落实党中央决策部署，统筹推进"五位一体"总体布局和协调推进"四个全面"战略布局，围绕全面建成小康社会目标，落实"一三三六"发展思路，坚持在发展中保障和改善民生，把提升人民群众的获得感、幸福感和安全感作为政府工作第一目标，坚持生态优先绿色发展，在乡村产业振兴的背景下谋划兴产富民、科教强农、产业扶贫，解放和发展社会生产力，聚集全社会力量推动乡村产业振兴和乡村人才振兴，推进精准扶贫、美丽乡村建设和乡村振兴战略，成效显著。

一 调研背景

农业、农村、农民问题是关系国计民生的根本性问题，解决好"三农"问题是我党工作的重中之重，2017年中央农村工作会议明确提出：到2020年乡村振兴要取得重要进展、2035年乡村振兴要取得决定性进展、到2050年要实现乡村全面振兴。2018年，中央一号文件《中共中央国务院关于实施乡村振兴战略的意见》做出全面部署，提出按"产业兴旺、生态宜居、乡风文明、治理有效、生活富裕"的总要求，加快推进农业农村现代化。党的十九大要求，决胜全面建成小康社会，开启全面建设社会主义现代化国家新征程，确保到2020年我国现行标准下农村贫困人口实现脱贫，贫困县全部摘帽，解决区域性整体贫困，做到脱真贫、真脱贫。

职业教育是对受教育者实施可从事某种职业活动或完成生产劳动所必需的职业知识、技能和职业道德的教育，包括职业学校教育（学历教育）和职业培训（社会培训），其培养重心是劳动者的实践技能和实际工作能力，任务是建设知识型、技能型、创新型劳动者大军，服务地方经济社会发展是职业教育生存与发展的根本。《中共中央 国务院关于实施乡村振兴战略的意见》要求实施新型职业农民培育工程，大力培育新型职业农民。《中共重庆市委 重庆市人民政府关于大力发展职业技术教育的决定》和《重庆市职业技术教育改革发展规划（2012～2020）》要求：以加强职业技能培养培训为核心，强化职业技术学校社会培训功能，鼓励其开展重点产业职业培训。习近平总书记强调的"脱贫攻坚期内，职业教育培训要重点做好"①，这是对职业教育培训的要求。面向"三农"和贫困户，职业教育培训要以科技为载体，长其志、治其愚、授其能，助其脱贫致富、创业致富，振兴乡村人才、乡村文化，推动乡村产业振兴。

二 调研设计

本次调研，在重庆市江津区委统战部组织领导下开展，由江津区教育科学研究所、江津区中华职教社联合实施，重庆市江南职业学校（以下简称江南职校）配合。2018 年 3～6 月开展调研，7 月汇总信息、总结研讨，8 月底前由区教科所完成调研报告撰写并提交区委统战部。

（一）调研目的

调研以习近平总书记关于大兴调查研究之风的重要指示精神为指导思想，通过职业教育培训服务区域经济社会发展协作开展为农培训和精准扶贫的专题调研，明现状、查问题、析原因，抓落实、促改进，优化农村职业教育培训供给，为进一步加强和改进职业教育服务"三农"，促进区域经济社会发展提供借鉴和决策参考。

（二）调查对象

江南职校坚持职业学校教育和职业培训并举，培养技能型人才服务经济社会发展。职业学校开设了 15 个专业，年均培养学生 2600 人左右，有 1/4 的毕业生考入高校继续深造。服务"三农"是该校的办学特色与传统，从

---

① 习近平：《在中央扶贫开发工作会议上的讲话》，载《十八大以来重要文献选编》，中央文献出版社，2018，第 40～43 页。

1998 年起，学校持续开展农科教结合的农业产业化培训（下文简称"三农"培训）、扶贫培训（下文简称扶贫培训）及农民就业创业培训，培养培训了数万名农村实用人才，促进就业创业，职业培训工作多次受到国家表彰。本次调查以江南职校开展的农科教结合的花椒和富硒农副产品种养殖农技培训以及农民就业创业培训为主要对象，调查还涉及农委（含扶贫办）、交通、水利、民政、科委、旅游等部门及镇（街道）、贫困村、脱贫农户和农业园区。

（三）调查方法

本次采取普遍调查、抽样调查、个案调查相结合的方法，主要采用文献调查、座谈走访、电话回访、观察分析等调查方法。

三　调查结果分析

（一）政府统筹布局，发展产业富民

为推进精准扶贫，江津区成立了扶贫开发领导小组，制定出台了《关于做好贫困村整村脱贫工作的通知》（2015）、《关于加强贫困村贫困户帮扶工作的通知》（2015）、《关于巩固脱贫攻坚成果的实施意见》（2017）、《关于印发江津区脱贫攻坚责任制实施细则的通知》（2017）等纲领性文件，建立完善扶贫对象动态管理机制、产业扶贫长效增收机制、贫困人口"两制衔接"机制、扶贫资金监管机制、脱贫攻坚工作考核机制、脱贫攻坚帮扶机制、社会力量参与扶贫机制，建立完善了脱贫攻坚的政策体系保障，强化了脱贫攻坚的责任和监督。在农村公路、危房改造、健康扶贫、教育扶贫等领域，制定完善了协同推进脱贫攻坚的 9 个配套文件，不断完善贫困地区交通、水利等基础设施建设，加大了扶贫投入，三年共投入扶贫资金 22983 万元。2017 年，37 位区级领导和 15 个区扶贫集团包片负责 15 个贫困村、7779 户贫困户的脱贫攻坚任务。各驻村工作队协助村"两委"开展工作，各部门严格落实行业扶贫责任，设立扶贫济困医疗基金；发放教育补贴

1995 万元，培训扶贫对象 1084 人，帮扶建卡贫困户就业 1898 人，实施危房改造 1845 户，纳入低保兜底 3850 人，建设扶贫公路 49.6 公里，建设电商服务站 13 个。全年 15 个区级扶贫集团开展到村、到户帮扶 217 次，捐资、捐物折资共计 695 万元。全区 2017 年扶贫投入累计达到 4.2 亿元，减少农村贫困人口 1730 人。2018 年，全区推进农村小康路 600 多公里的建设，涉及 27 个镇（街道）。

江津区因地制宜，着力解决乡村产业发展不充分和农民就业不足制约乡村发展的问题。政府大力发展农村职业教育，组织引导职业教育培训协同开展"三农"培训、扶贫培训和农民就业创业培训，普及推广农业技术，培训和打造乡村旅游经营管理与实用性人才，培养乡村各业建设人才，推动花椒和富硒特色产业发展，推进扶贫，扩大就业创业，夯实江津区农产业和乡村旅游发展的人才基础。

2018 年 3 月 8 日，江津区召开实施乡村振兴战略行动计划暨精准脱贫攻坚动员部署会和全区农业工作会议。2018 年 4 月，中共江津区委常委会召开专题会议，审议通过了《江津区 2018～2020 年开展扶贫领域腐败和作风问题专项治理行动方案》《江津区落实乡村振兴战略行动计划实施方案（2018～2020 年）》。全区将以实施乡村振兴战略为总抓手，以深入推进农业供给侧结构性改革为主线，坚持质量兴农、绿色兴农、效益优先，聚集全社会力量，大力实施乡村振兴战略行动计划，打好精准脱贫攻坚战，推动农业全面升级、农村全面进步、农民全面发展，推动农业高质量发展，努力实现江津"农民富、农业强、农村美"的发展目标。

（二）职校协作冲锋，笃行科教强农

江津区发展产业富民、推进美丽乡村建设，坚持科教兴农强农富农的策略和路径，贯彻落实《国务院关于加快发展现代职业教育的决定》（2014）精神，并设立职业教育发展专项基金，发展农村职业教育，大力开展农民职业培训，为乡村产业发展与兴旺提供人才保障，有效服务和推动乡村振兴。江津区以教育管办评分离改革试点为契机，以改革激活力、增动力，构建教育公共治理新格局，推进政府依法宏观管理、学校自主办学，不断完善职业教育培训体系，努力实现职业教育与培训的平衡发展和充分发展。顺势而动，解放和发展社会生产力；因势利导，组织职业教育培训协同作战；对接强农富民战略实施科教兴农，开展"三农"培训、扶贫培训和农民就业创业培训；普及推广农技，提高农村劳动力的技能水平；培养农村实用人才和乡村振兴人才，促进农民就业创业，落实精准扶贫和乡村振兴战略。

服务"三农"是江南职校办学特色与传统，自 1998 年起，江南职校持续开展农科教结合的三农培训、扶贫培训以及农民就业创业培训，培养培训了数万名农村实用人才，有效促进了农民就业创业。学校践行新发展理念，依法自主办学，努力解决人民群众和经济社会对于优质、多层、多样职业教育的需要与职业教育发展不强、不优、不活之间的矛盾，完善职业教育培训体系。利用和发挥本校"三农"培训师资充足的优势，组建由本校畜牧兽医、果树栽培、水产养殖、园艺等农学专业教师和农科院专家、乡镇农技员、农村"土专家"构成的农技培训师资队伍，对接农村、农业、农民和乡村振兴的需要，积极作为，开展为农培训和农民就业创业培训，满足人民日益增长的技术技能学习需要，有效开发乡村人力资源，同时促进学校事业发展。

1. 蓄势待发，创新体制机制

学校以马克思列宁主义、毛泽东思想、邓小平理论、"三个代表"重要思想、科学发展观、习近平新时代中国特色社会主义思想为指导思想，全面深入学习贯彻党的十八大、十九大精神以及习近平总书记系列讲话精神，落实《国家中长期教育改革和发展规划纲要（2010～2020 年)》《关于深入推进教育管办评分离促进政府职能转变的若干意见》（2015）和《关于印发〈重庆市江津区教育管办评分离改革试点工作实施方案〉的通知》（2015）等文件精神，依法自主灵活开放办学，践行新发展理念，修订完善学校章程，厘清校长负责制、理事会与校务委员会之间的关系，理顺校内机构权责关系，开展自我评价和满意度调查，增强风险防控能力，形成自主发展、特色发展、可持续发展的良性机制。优化体制，专设并单列培训机构人员，对接扶贫和乡村建设需要，大力开展"三农"培训、扶贫培训和农民就业创业培训，不断提升社会服务能力水平，努力办人民满意教育。

（1）组建集团，优化培训模式。学校以创新为驱动，走开放发展之路，凝聚政府、行业企业、科研院所等力量，高规格、高起点牵头组建全市首个农民就业创业培训集团——重庆市江南农民就业创业培训集团（以下简称培训集团），集团成员单位达 99 家，年培训各级各类人员 1 万余人次。

学校以资源为基础、以市场为导向、以效益为中心、以增收为目的，按政府主导、行业指导、企业参与、村社共建的原则，创新实施"五化模式"① 的"三农"培训、扶贫培训和农民就业创业培训对接项目，结合地域资源优势，集团化开展花椒与富硒种养殖农业科技普及推广培训，以思想引导、技能扶助、智力帮扶相结合，人对人、面对面、点对点开展为农培训，提高培训的针对性和有效性，促进农民运用农技让区域农业提质增效，帮助农民和贫困农民脱贫致富、创业致富。

（2）布局网格，创新运行机制。学校创新实施"网格化"培训组织管理形式，培训集团成立了农民"网格化"培训工作领导小组，集团理事长刘友林任组长，集团副理事长单位负责人任副组长，集团成员单位负责人为成员领导小组负责培训制度体系和运行机制建设，2014 年制定了《重庆市江南农民就业创业培训集团农民"网格化"培训工作方案》等文件。工作领导小组下设集团培训办公室，负责、统筹、协调、组织、开展"网格化""三农"培训、扶贫培训和农民就业创业培训。学校成立农民"网格化"培训工作督导考核小组，负责"网格化"培训督导检查和培训满意度调查的工作，组织开展"网格"培训团队工作绩效整体考评。

按照区域产业状况，科学布局培训"网格"，在江津区内按"东、西、南、北、中"划分为五大培训网格，按照培训"网格"布局，精细、精准推进和落实培训。网格培训实行片区负责人责任制，联合镇农业技术员有针对性地组建片区培训师资团队，有效开展培训。"三农"培训、扶贫培训和

---

① 五化模式是建设"平台化"教学实训基地，建设"模块化"课程资源，实施"网格化"培训管理，构建"合约化"的培训关系，提供"全程化"的服务保障。

农民就业创业培训实施网格化培训管理，规范了培训工作的组织、实施、运行，提高了培训的有效性。

2. 因势而动，推进教育强民

学校因势而动，对接农民需求、乡村产业发展需要和美丽乡村建设，开展"三农"培训、扶贫培训和农民就业创业培训，激活农户和贫困人口的发展与脱贫内生动力，培养乡村建设人才，增强农民脱贫致富、创业致富机能，促进农民就业创业，激发扶贫、农产业发展和美丽乡村建设的动力与活力，培育乡村建设新动能，推动美丽乡村建设，彰显职业教育在新时代、新任务、新目标下的新作为。

（1）大力开展农业科技培训。加强农业科技教育与培训是改造传统农业、建设高效生态现代农业的必由之路，也是产业发展和经济增长的主要推手。区农委、科委协同镇（街道），以退耕还林为契机，组织贫困人群和留守农民分期分批接受农技培训，学习运用农业科技，特色、错位、品牌发展花椒和富硒种养殖等现代生态效益农业。江南职校除在校内开办新型农民中专教学班外，还与各镇（街道）联合办学，设立教学点，招收村社干部、适龄农民（贫困农民）及子女等就读，培养新型职业农民。

（2）深入开展青年就业培训。江南职校在坚持农科教结合推进农技培训的同时，大力实施"就业扶贫"工程。对接青壮年和扶助对象需求，大力开展"雨露计划"培训、农村劳动力转移培训、技能提升培训、农村实用技术培训等，提高青壮年就业创业能力，使每个贫困家庭至少有1人掌握1~2项技能。对参加转移培训且当年获得政府认定部门颁发的职业资格证书的扶贫对象一次性给予600元培训奖补，激励参培积极性。做好农民培训转移后续工作，依托基层就业和社会保障服务平台，建立企业用工信息服务平台，免费为具备劳动能力、有就业意愿的培训对象提供就业帮扶救助。

（3）积极开展农民创业培训。对有创业愿望、创业项目的农民和扶贫对象开展免费创业培训，传授创业知识和技能，鼓励和激励贫困劳动力自主创业脱贫和能人创业，带动贫困劳动力就业脱贫致富。

（4）完善就读中职资助体系。政府加强贫困家庭子女就学资助，出台教育扶贫优惠政策，确保不因贫辍学。未升入普通高中的贫困家庭青少年，就读中职学校接受职业教育，每年给予 1500 元资金补助。

学校设立贫困生资助资金，按期资助贫困生。校内为贫困生提供勤工俭学岗位，每学期组织师生为贫困生捐助，保证学生顺利完成学业。通过 2 ~ 3 年中职教育使之掌握一门技能，实现稳定就业增收。

3. 乘势而上，实施科教强农

江南职校不断优化体制机制，贴近"三农"办学，以市场运行，龙头带动，多校、多行业为一体，校企融合，村校共建为指导思想；以校企共赢、村校共建、农民致富为目标；以人才培训、就业引导、技能提升、创业指导、法律援助为纽带，发挥科技优势；以思想、技能、智力扶助为路径，借助培训集团成员单位的资源优势，开展纵向贯通、横向联合的集团化协作培训，乘势而上、创新举措，灵活自主办学，积极作为，努力把"三农"培训、扶贫培训和农民就业创业培训做成民心工程，精准有效地教会乡村各业人员技能，夯实乡村产业发展人才基础。

（1）对接任务，精准建设资源。精准建设"平台化"培训教学实训基地。开放共享、集群跨界整合培训集团内部 3 个区级业务指导部门、2 个园区管委会、12 家知名企业、13 家涉农骨干企业、20 个村社和 15 所职业院校的农民培训资源，变单一任务主体为复合任务主体。学校聚力打造"1 + 1 + N"[①] 实训基地平台，与市内外农科研院（所）及 28 家农业龙头企业（农工企业）合作联姻，共建 32 个农技培训、扶贫培训和农民就业创业培训实训基地，共享 2 个培训实训基地（667 公顷的标准化出口生产示范基地和 3330 余公顷的全国林业标准化栽培示范项目绿色生产基地），与 22 个村联姻共建科普示范园 80 余个，强大的实训基地平台有力支撑农科教培训。

精准建设"模块化"农科教培训课程资源。从农民和贫困农民需求和特点出发，结合培训目标、内容，思想教育、技能培训、智力帮扶有机融

---

① "1 + 1 + N"基地平台是指江南职校办成"1"所扶贫培训体系完善的示范中职学校，整合资源建成"1"个集涉农培训、生产实训与研发服务于一体的综合性培训基地，依托市内外农工企业建立"N"个扶贫培训基地。

合，按照"公民素养、专业知识、实操技能"三大模块整合和建设培训课程资源，开发个性化"菜单式"培训课程包和任务菜单。编写花椒与富硒种养殖技术、乡村旅游经营管理、市场营销等"三农"培训、扶贫培训和农民就业创业培训教材 50 余本，培训资源 78 套，提高了培训针对性、精准性和有效性。

精准建设"三农"培训、扶贫培训和农民就业创业培训师资队伍。聘请农科院专家、农委科委专家、乡镇农技员和农村"土专家"组建教学指导委员会，指导花椒、富硒种养殖业等"三农"培训、扶贫培训和农民就业创业培训工作；派遣农技培训教师到农业龙头企业和农科院（所）培训进修学习花椒、富硒农副产品种养殖新技术，选派教师到农科院（所）、现代农业园区和农业龙头企业挂职锻炼，建设"懂理论、能讲解，懂技术、能示范，懂网络、能开发课程资源"的"三懂三能"的高素质培训师资队伍，为扎实有效开展为农培训提供了坚实的保障。

（2）科教结合，精准安排内容。"三农"培训及扶贫培训教学内容包含思想教育——"扶志"，农民致贫成因多种多样，等、靠、要思想严重和缺乏依靠自己努力脱贫致富的志气是根源，在培训教学中加强思想引导以精神脱贫来驱动物质脱贫，引导农户和贫困人群自我教育、管理、提高，祛除落后思想、克服"懒汉"行为，增强其内生动力，强化其主体和主动意识，激励其积极进取、自强不息；技能培训——"授技"，手把手、心贴心传授技术，授其脱贫技能；智力帮扶——"扶智"，面对面传授农业科技、创业技能、经营理念策略、互联网电商等现代先进知识。

学校充分调研，对接地方自然资源、潜在资源，结合培训对象需求精准安排培训教学内容。组织农户和贫困户参观花椒、富硒种养殖的经济效益、生态效益以激发他们脱贫致富和创业的意愿。"三农"培训和扶贫培训主要面向花椒、富硒种养殖业，普及推广绿色、生态、环保、无公害现代农业科技，培训推广稻田生态混养、林下生态小群土鸡养殖、"舍饲＋放牧"山羊小群养殖、"种养结合、循环利用"绿色生态大牲畜养殖及中华蜜蜂科学养殖等农业技能，培训水果、中草药等的栽培、管理技术，开展旅游观光农业、农村经济管理、农家乐的经营管理、农产品营销策略及电子商务等培训。为农培训精准设计的科教内容，满足了农民及贫困人群的需求，提高了农民农技能力和水平。另外，学校还成立了"科技为民服务团""农业 110 服务队"等，开展科技下乡活动，3 年来，免费向农民赠送农技书籍、致富小读本、科技宣传单等累计 9.6 万份，农技咨询点接受农民咨询 7.1 万人次。

农民就业创业培训、"三农"培训和扶贫培训，提高了农民和贫困人群脱贫致富、就业创业致富能力，促进了农民就业创业和现代特色效益农业发展。

（3）捆绑发展，精准激活要素。构建"合约化"的培训权责关系，培训的施、受方签订培训合同、协议，约定培训内容、方法和效果，明晰责、权、利，保证学员的合法权益。培训教师与学员形成新型主客体合约关系，将扶助对象有效脱贫纳入培训教师团队的工作绩效考核，激活了农技培训及扶贫培训主客体要素与活力。培训教师与学员协商制定发展规划或脱贫规划，培训教师蹲点指导，提供全程帮扶服务，帮助学员实现预期目标。

（4）全程帮扶，精准落实服务。

一是送教下乡、"精准滴灌"。学校在区科委、农委（扶贫办）等指导下，充分发挥校地合作优势，与镇（街道）和村（社区）合作成立院坝学校，将培训重心下移，把"三农"培训、扶贫培训和农民就业创业培训班办到农家院坝、田间地头，既照顾了农民又保证了教学。结合农村、农业、农民教育的实际，结合农时特点弹性安排学习时间、学习内容，忙时少学、闲时多学，送教下乡、送教上门、蹲点驻守、"精准滴灌"，灵便务实开展培训，让学员学习掌握运用农业科技。

学校与镇（街道）农技站、成教学校联合办学，面向区内村社干部、农民和贫困人群等招收农艺、农机、畜牧兽医、旅游观光农业、农村经济管理等专业新型农民中专学历教学班，送教下乡到社区教学点，三年来，招收学生 900 余人，遍及全区 21 个镇（街道）。

二是"理实"一体、农学结合。学校遵循"实际、实用、实效"的培训原则，结合实际分类别、分层次、针对性开展"三农"培训、扶贫培训和农民就业创业培训，课堂培训与基地实践、专题研讨相互穿插，集中培训与分散培训结合，传统教学手段与现代信息技术相结合，探索"师徒制""岗位轮换制""技能阶段考核制"等培训方式。农技教员在田间地头"理实"一体化教学，普及推广花椒、富硒种植（瓜果、中药材、茶叶、水稻、蔬菜等）技术和富硒畜牧水产（猪、牛、羊、鸡、鸭、鱼等）养殖技术，培训农产品营销、旅游生态观光农业经营管理等知识技能，培训"做中教、做中学"，让农民和贫困人员掌握运用农业科技，促进增收。以花椒为例，培训选种、播种、定植、施肥、修枝整形、病虫防治、采收、保存、加工等技术，推广优质品种及花椒矮化密植丰产、老树还童、摘尖壮枝壮果等技术以及"主枝回缩"采摘技术、"枝果烘烤"新技术，花椒挂果生长期由 3 年缩短为 1.5 年，椒树平均寿命延长了 5 年以上，花椒平均千粒增重 51 克，亩产提高到 1500～2000 斤，增产达 35.87%，亩增收 1000 元以上，普及推广运用农技，不但提升了花椒品质，节约了生产成本，更让本地花椒业实现了转型升级，走上可持续发展之路。

三是培训就业一体服务。江南职校实施"人才培训、技能提升、就业推荐、创业扶持、技术服务"的全程化培训服务跟踪，坚实支撑农民和贫困人员就业创业。联合企业建立农民（贫困农民）信息资源库，依托学校工会注册的联畅人力资源管理公司，提供培训就业一体化服务，组织农民和贫困人员闲时弹性外出务工，将学员部分安置在重庆金象集团、重庆润通集团等数百家企业工作，月收入 2500～6000 元，助力农民和贫困人群增收致富；有 500 多名学员转移培训输出到日本、新加坡、马来西亚等 20 余个国家和地区就业，年收入 12 万元以上。

江南职校"服务三农"特色办学，对接乡村农业产业和农民的发展需要，开展"三农"培训、扶贫培训和农民就业创业培训，普及推广农技，实现了学校科技优势、农民及其他相关资源要素的有效融合，既增强了贫困人群自身经济脱贫的机能又助推了乡村产业的发展，服务地方经济社会发展成绩斐然，进一步激活了农业、农村发展的内生动力。迄今，共培训椒农 18000 多人、富硒种养殖 2000 余人，培训出种养殖大户 250 余人。近三年来，在培训学员中有 810 多名青年农民立足农村成功创业；5600 多名农民农技提升后，扎根家乡从事种养殖业增收致富；4100 余名受训农民转移到集团内企业就业；3300 余名受训农民通过集团人力资源公司派遣到格力电器、英业达集团等知名企业就业；对接农业园区，为园区培训农技人才4683 人次，大批专业人才支撑促进了园区特色农业发展和产业结构优化。培训就业一体化实现了"出去一人，致富一家，带动一片"的美好愿景。近年来，江津区工商学校、江南职校对有外出就业愿望的农村贫困户和富余劳动力转移培训逾 10 万人。仅 2016 年，江南农民就业创业培训集团就承接扶贫创业等各类培训计 132 期 5286 人次，培养出种养殖大户 158 个、家庭农场 39 家、农业龙头企业 26 个。

江南职校"三农"培训、扶贫培训和农民就业创业培训得到社会高度肯定，先后荣获全国农村青年转移就业先进单位、全国温暖工程先进集体、全国职工培训示范点等称号，多次受到教育部、农业部、中华职教社总社表彰，成为全市为农培训领域的标杆和全国农村中职学校服务地方经济发展的"示范田"。甘肃、青海、四川、贵州、云南等地职教考察团多次到江南职校学习"三农"培训及扶贫培训的成功经验，市内外多地市借鉴学校"三农"培训及扶贫培训模式，邀请学校出智出力参与当地"三农"培训及扶贫培训。例如，受邀到黔江区开展扶贫培训，帮扶 162 户贫困户实现有效脱贫；受邀到贵州沿河县开展扶贫培训，帮扶 283 户贫困户实现有效脱贫。

江南职校面向"三农"开展培训，培养了大批乡村各业建设人才，提高了农民脱贫致富和创业致富能力，为乡村产业发展和乡村振兴注入动力和活力，打造出农业发展新业态，实现了强农富民的愿景目标，写出农村职业教育服务精准扶贫和美丽乡村建设的新篇章，为同类地区精准扶贫、"三农"工作和乡村建设提供了一个有实效、能借鉴、可复制的新思路。下一步，学校将积极响应国家号召，进一步发挥办学优势，持续发力，更加精准有效的服务和推进乡村振兴战略实施。

（三）脱贫致富，产业兴旺

江津区统筹推进精准扶贫和乡村建设与振兴，坚持质量兴农、绿色兴农、效益优先，深化供给侧结构性改革，对接区域农产业资源、自然资源和旅游资源的优势发展产业，提高农业的科技含量、就业容量、环境质量和经济效益、社会效益、生态效益；构建稳定发展的长效机制，借力职业教育培训实施科教强农，激活要素，有效解决乡村产业不足与农民就业不足的问题，铸造"三农"及其乡村建设的持续发展力，久久为功，强农富民，推动区域农旅一体化融合发展和美丽乡村建设。

2007 年，江津撤市设区，全区农业总产值为 26.93 亿元，农村居民人均纯收入 4535 元；到 2017 年全区农业总产值达 125.8 亿元，总量蝉联全市第一，农村常住居民人均可支配收入 16695 元。10 年来，江津坚持兴产富民、兴教强农，持续发展花椒产业，全面发展富硒绿色产业，大力实施美丽乡村建设，江南职校开展为农培训和农民就业创业培训，提高劳动者素质，优化农产业结构，促进农民就业创业，推动农业产业升级转型，让农民增收致富，推动江津农业全面升级、农村全面进步、农民全面发展，江津富硒特色产业效益明显，美丽乡村建设卓有成效，促进区域第一、第二、第三产业融合协调发展。

职业教育培训对接精准扶贫，推进科学治贫，普及推广农技，助推花椒和富硒产业的优质发展，联手打造旅游观光、采摘体验等综合业态，助推农旅一体化融合发展，帮助乡村农民实现有效脱贫，达成强农富民的愿景目标；开展农民就业创业培训，促进农民就业脱贫、创业致富，催生花椒和富硒种养殖业发展。2015 年，农技培训致富 5312 户，其中发展产业脱贫 4246 户 14038 人。职校组织开展农科教结合的富硒种养殖业培训，帮助 12 个贫困村 1980 余户贫困户户均增收 7000 余元。例如，推广"稻鳅蛙"一体化立体种养殖技术，年亩产值达上万元，农民每亩纯利净增 5000 元以上；开展富硒家禽林下养殖生态、立体种养殖技术培训，仅推广林下养殖生态蛋鸡一例，吴滩镇邢家村发展农户 189 户，养殖蛋鸡 8000 余羽，每天产土鸡蛋 5000 余枚，户人均年增收 5000 余元，帮助贫困户有效增收脱贫。

江南职校农科教结合开展培训，普及推广农技，提高了农民运用农业科技脱贫致富和创业致富的能力；培养振兴乡村人才，激发农村发展内生动力和农民创业致富热情，加速富硒农副产品的改良、开发和引进；优化农业产业结构，有效促进区域农业提质增效。农民依托富硒生态资源优势条件，发展富硒种养殖业，政府举办"以购代扶"活动，促进农副产品增值增效，有效引领山区、农业大镇的农户和贫困户脱贫致富、创业致富。江津区大力发展富硒产业，依托职业教育培训，培育农业、农村、农民发展动能，让乡村经济发展充满生机活力。

江南职校开展农科教结合为农培训和农民就业创业培训，将大批农民和贫困人口培养打造为农村经济和乡村旅游经营管理服务实用性人才，促进了就业创业，培育了农民脱贫致富能力、创业致富能力和乡村振兴新动能；激发了农民脱贫致富和创业致富热情，为农旅融合转型发展注入动力和活力。农民依托富硒优势和良好生态环境建设美丽乡村，发展绿色生态观光农业、休闲农业以及康养经济、庄园经济；打造旅游观光、采摘体验等综合业态，提高富硒农副产品商品化率。江津区解放和发展社会生产力，积极探索农旅融合发展新模式，借助职业教育培训培育和激发美丽乡村建设活力，促进乡村旅游品牌发展、融合发展、优质发展。

四 存在的问题

印度著名经济学家阿马蒂亚·森说：教育的缺失是比收入贫困更深层的贫困，它会引发"贫困的代际传递"。研究表明，接受本科、初高中、小学教育者提高劳动生产率的水平分别为：300%、108%、43%。我国农民平均受教育年限为 6.6 年，初中及以下文化程度占 88.38%，受过系统农技培训的不足 5%，农民特别是贫困农民缺少"志、智、技"，缺乏脱贫内生动力和机能。政府对"三农"工作及扶贫的治理、建设、开发不够，机制不完善以致职业教育培训的助推作用发挥不充分。职业教育培训自主办学不够，服务"三农"和扶贫的体系不全、能力不足，供给与需求不匹配，培育和构建农民及贫困人口脱贫发展机能不够，打造农村、农业、农民发展的内生动力不够，乡村各业建设人才培养不足，激发和增强乡村建设的活力及其效力不够，有效培育乡村建设发展动能不足，致使农民就业创业发展不足、乡村产业发展缺乏人才支撑，制约乡村建设与发展。

（一）机制建设及其要素整合不够

目前，"三农"培训、扶贫培训、农民就业创业培训主要由政府发力，解放和发展社会生产力做得不够，协作机制不健全，措施路径有偏差。政府推进"放管服"改革不够，职校自主办学受制约，农村职业教育发展不优、不强、不活，职业教育培训体系不健全。为农培训和农民就业创业培训多头管理，体系零散、条块分割、职责交叉、行业参与度不高，政府对要素、资源的整合、开发、利用不够。

（二）项目开发及其支撑建设不够

对乡村产业和农民就业创业的发展研究不足，对脱贫致富、创业致富和促进乡村振兴的产业研判、开发、培育不够，"三农"培训、扶贫培训、农民就业创业培训的项目和内容脱离实际，与产业发展和需求脱节，缺乏针对性和精准度，"点"和"根"没找准。"三农"培训、扶贫培训、农民就业创业培训路径不精准，健全和增强农民与贫困人群脱贫致富和创业致富的内生机能做得不够，"三农"培训、扶贫培训、农民就业创业培训策略不精准。"三农"培训、扶贫培训、农民就业创业培训的机构、人员思想能力水平、服务培训体系、贫困生资助政策以及工作体制机制等建设不够，"三农"培训、扶贫培训、农民就业创业培训缺乏有效支撑。

（三）职校培训师资队伍建设不够

职业教育培训服务"三农"和协作精准扶贫的时间短、经验不足，职校涉农专业及"三农"培训、扶贫培训、农民就业创业培训师资建设不够，力量弱、水平低，师资的思想素养和能力水平不能满足扶贫及乡村振兴产业项目的专业性、动态性、技能性需要，培训所讲、所授、所培、所训无用、无效。

（四）职校为农培训开展创新不够

在政府统筹宏观管理下，学校自主办学创新不够，农村职业教育培训建设发展水平低，对培训认识不足、定位不准、思考不周，仅当作"任务"而非"义务"，导致为农培训发展不平衡不充分。"三农"培训、扶贫培训、农民就业创业培训与他类培训混同施策，策略不当、路径老套、形式单一，培训出的学员脱贫致富和创业致富能力不足，未打造其脱贫发展内生机能，培训缺少精度、深度、宽度、效度和质量，未培训出乡村各业振兴人才，难以对接服务乡村产业发展与振兴。

（五）责任落实及监管规范不够

在推进扶贫和乡村振兴进程中，对"三农"培训、扶贫培训、农民就业创业培训的领导管理责任落实不够，培训实施主体和实施者的责任落实不够，政府对"三农"培训、扶贫培训、农民就业创业培训工作的监管、督查、审计、考评不够，培训管理欠规范，培训考评结果运用不够。部分"三农"培训、扶贫培训、农民就业创业培训资金没有管好、用好。在实施过程中，少数机构和个人借"三农"培训、扶贫培训、农民就业创业培训培训之名、之机捞钱，违法、违纪、违心的现象行为屡见不鲜、屡禁不止，把民心工程做成"昧心"工程。

五　对策建议

农村职业教育是培育乡村各业实用性人才的核心基地，在扶贫中承载着"拔穷根"的重任，在推进脱贫攻坚和乡村振兴中具有基础性、根本性、可持续性作用，是最根本、最长效、最有尊严的方式，其作用独特而重要，不容忽视。国际社会对农村职业教育的基本共识，一是农村职业教育的重点对象应该是农民，二是农村职业教育的开展必须与农民的发家致富相结合，三是农村职业教育形式应该灵活。韩国在 20 世纪 70 年代推进的"新村运动"

为我国农民脱贫致富及农民培训提供了很好的参照和借鉴。为提高职业教育对区域经济社会建设与发展的服务力，有效推进精准扶贫与乡村振兴战略，提出以下建议。

（一）加强管理，优化机制，夯实基础

建立实施精准扶贫和乡村振兴战略领导责任制，明确落实地方党政"一把手"在乡村振兴和脱贫攻坚中的主体责任，把党管农村工作的要求落到实处，把坚持农业、农村优先发展的要求落到实处，坚持生态优先、绿色发展的原则，科学规划、注重质量、稳步推进精准扶贫与乡村振兴战略。转变政府职能，加大"放管服"改革，加强政策指导，政府当好为农培训的供应者、协调者、谈判者及教育质量的监督者。在推动精准扶贫和乡村振兴工作中，要用好政策，解放和发展社会生产力，大力发展农村职业教育，完善职业教育和培训体系，实施职业教育脱贫国家工程。地方政府要加强对"三农"培训、扶贫培训、农民就业创业培训的组织、管理和指导，提高管理、治理能力水平。加强对扶贫及乡村建设的产业项目开发、实施和评估等工作的领导，完善项目论证、规划、实施、监督、评估等系列制度。建立健全协作互动联动机制，有效整合、开发、利用政府资源、社会资源、市场资源、行业企业资源、职业教育培训资源要素，多措并举、多管齐下、多方发力，形成"组合拳"，凝聚和打造扶贫攻坚和美丽乡村建设的合力。建立健全稳定发展和脱贫的长效机制，打造农户、贫困地区和贫困人口脱贫致富持续发展力，激发乡村建设活力。

（二）构筑框架，打造要素，形成支撑

加强党的建设，构筑战斗堡垒，强化乡村"治理有效"的组织基础建设，推动村级组织战斗力建设和乡村组织振兴，培养打造一支能征善战的扶贫攻坚和服务乡村建设与振兴的党员干部引领者及管理者队伍，落实学习型社会建设要求，加强对习近平新时代中国特色社会主义思想的学习，提高政治修为，强化思想及能力水平建设，提升党员干部服务"三农"、服务精准

扶贫、服务乡村振兴的理论素养和能力水平，有效提升村社干部发展意识和致富本领，夯实乡村发展和乡村产业振兴组织保障基础。

将精准扶贫与乡村振兴联系起来，统筹思考，以发展乡村产业和扩大农民就业创业为导向，加快山清水秀美丽之地的建设，让乡村良好生态成为乡村振兴支撑点。加强基础条件和农产业项目的开发与建设，推动乡村产业振兴。加快推进乡村交通、水利等基础设施建设，夯实乡村产业发展的基础条件和支撑，助力乡村振兴战略实施。加强对贫困治理的研判，找准"穷根"，对接区域自然资源实际和优势，对接贫困户实际和市场需求，精准定位、科学开发、精心培育、系统建设产业发展项目和扶贫项目，提高项目的针对性、有效性。构建乡村现代农业产业体系、生产体系、经营体系，推进农业由增产导向转向提质导向，为贫困人群和农户脱贫致富、创业致富出点子、找路子，把种什么、养什么、如何增收想明白，扶在"点"上。对症下药、优化举措、量身定做、精准施策，培植可持续长效脱贫致富和创业致富的能力，健全农民发展的内生机能，扶在"根"上。努力实现精准扶贫与乡村振兴的相辅相成、相互促进、有机融合，促进区域自然资源、潜在资源和农业产业资源融合发展，实现农业产品优质化、生产规模化、农业机械化，提高效益，形成乡村发展新动力。

加强"三农"培训、扶贫培训、农民就业创业培训和扶贫工作的制度、机构、体制、机制建设。调整充实工作领导机构和人员，提出目标、分解任务、明确职责，形成"有人管事，有人办事，长抓不懈"的长效机制，从体制、机制、模式上有针对性地创新和完善"三农"培训、扶贫培训、农民就业创业培训工作。农民是农业、农村发展的主体，也是实施乡村振兴战略的主体，强化农村广大农民接受职业教育培训的制度保障和社会保障机制，加快公益性现代农民终身教育体系建设。

加强"三农"服务培训体系建设。整合全社会资源、动员全社会力量参与扶贫攻坚和乡村振兴行动，依托政府农技部门建好"三农"服务站，提供农技培训及其技术服务。完善的农民教育体系是发达国家农业崛起和腾飞的武器，加快农村职业教育和培训体系建设，盘活职业教育培训资源存量，组织引导职业院校面向农业、农村、农民开放资源，对接地方产业发展、脱贫攻坚和乡村振兴战略的需要，积极承担有效开展职业教育培训，协同打好脱贫攻坚战，服务乡村振兴战略。

加强贫困学生资助政策体系建设。完善公益性扶贫制度和贫困生教育资助政策，扶贫资助及招生培训向贫困地区倾斜，把职业农民培养纳入国家教育培训发展规划，逐步提高财政对中职生均公用经费补助标准及扶贫教育培训补助标准。鼓励和支持职业院校建立健全贫困生资助体系，为贫困生勤工俭学搭建平台，助其顺利完成学业。

（三）培育师资，补齐短板，突破瓶颈

职业教育培训要补齐培训师资的业务能力短板，加强学校涉农专业和培训师资队伍建设，提高教师修为和服务社会、回报社会的能力水平，打破"三农"培训、扶贫培训、农民就业创业培训实施的"师资"瓶颈。根据精准扶贫及乡村建设与振兴的需要，按国家"懂农业、爱农村、爱农民"的"三农"师资队伍建设要求，以"培、选、引、兼、聘"等形式，动态组建"三农"培训、扶贫培训、农民就业创业培训师资队伍，满足为农培训的专业性、动态性、技能性需要，推动精准扶贫和乡村振兴战略实施。

（四）精准谋划，创新实施，落地行动

职业教育培训协作脱贫攻坚、配合实施乡村振兴战略是使命，也是机遇。赋予贫困人群脱贫能力，培养打造乡村服务建设人才，培训培养培育体系是基础性和根本性保障。职业学校要落实 2015 年习近平总书记在中央扶贫工作会上"脱贫攻坚期内，职业教育培训要重点做好"的讲话精神，在习近平新时代中国特色社会主义思想引领下，贯彻落实新发展理念，建设新时代中国特色职业教育，完善职业教育培训体系，努力实现职业教育培训的平衡发展和充分发展。加强对精准扶贫、乡村振兴的研究，研究农村、农业、农民，研究地方自然条件、生产资料、人的能力、农村经济等"人""事""物"整体系统，既要研判农民和乡村建设是否需要、需要什么、是

否满足，又要研判教育培训提供什么、怎么提供、如何满足。强化服务意识，发展面向农村、农民的职业教育，提高服务农村、服务社会的能力和水平，主动履行社会责任与义务，把乡村人力资本开发放在首要位置，强化乡村振兴人才支撑，实现职校经营与精准扶贫和乡村振兴有机结合、学校事业发展与地方经济发展的深度融合，在服务国家发展战略中不断发展壮大，提高对区域经济发展的渗透力和贡献率，满足人民群众和经济社会发展对职业教育培训的需要。

职业学校要主动对接，深化改革，自主办学，本着统一目标、协同配合、增强能力的精神与要求，整合全社会资源、优势和能量，把握乡村建设和扶贫的新常态，发展农民职业教育，开发乡村人力资本，抓好培训资源、培训目标、培训形式、培训内容、培训服务等建设，建立纵向衔接、横向贯通的"三农"培训、扶贫培训、农民就业创业培训体系，以"贴近农民需求、帮助农民增收、促进产业优化"为指导思想，畅通智力、技术、管理下乡通道。发挥科技优势，以农技普及与推广为抓手，"志""技""智"扶助相结合，优化供给，创新举措、精准路径、分类施策，提高质量和效益，提高农民的农业科技运用能力，提高农民就业创业能力，增强其发展内生机能、激发发展活力，助推其自主发展脱贫致富、创业致富。职业教育培训要与党和国家同心、同向、同行，努力挖掘新潜力、激活新要素、集聚新动能，推动乡村各业建设人才的振兴，努力培养造就大批农村用得着、留得住、干得好的发展建设带头人和生产经营型、专业技能型、专业服务型技术技能人才，夯实乡村各业振兴的人才基础，注入和生发农业、农村发展与乡村建设振兴的动力，构筑乡村产业振兴的人才保障，推动乡村经济发展，推进乡村振兴战略实施。

1. 任务导向，建设对接紧密的教学资源

"三农"培训、扶贫培训、农民就业创业培训要以农业科技和就业创业技能为内容，以科学治贫为手段，以任务和问题为导向，开放共享，集群跨界整合资源，变单一任务主体为复合任务主体，根据乡村发展和扶贫需要建设培训基地。围绕现代农业的特性与发展走向，改造和升级涉农专业，甄别培训对象实际和需求，结合实际，因地制宜、因人制宜，制订个性化培训实施方案。结合培训对象的需求和特点，按照"素养、知识、技能"三大模块，做到农科教相结合，生产方式与生活方式相结合，思想、技能、智力扶助相结合。

2. 网格布控，制定因人施策的培训策略

加强对"三农"培训、扶贫培训、农民就业创业培训的系统研判，按照区域产业状况和地域特点，系统优化、整合集成、科学布局培训"网格"，坚持"一把钥匙开一把锁"，按照一村一策、一户一策的发展路径，针对"网格"个性化组建培训师资团队、定制培训内容和培训形式，培训重心下移到乡村社区，因人施策，精细、精准开展培训，更好满足"三农"培训、扶贫培训、农民就业创业培训的需要。

3. 送教下乡，采取"精准滴灌"的施教路径

发展面向乡村、社区的农村职业教育，创新教学模式，实施送教下乡，运用理论与实践的一体化教学、弹性学制、灵活教学等形式，坚持课堂培训与基地实践、专题研讨相结合，集中培训与分散培训相结合，多种教学手段结合运用，精准满足教学需求。积极开展"互联网＋"培训，探索"师徒制""岗位轮换制""技能阶段考核制"等培训方式，蹲点驻守、上门服务、"精准滴灌"，综合提高农民的科技素质，提高为农培训的针对性和有效性，提升培训的契合度和深度，赋予农民致富发展能力和乡村各业人才服务乡村产业发展进而振兴乡村的能力，培育和打造乡村建设动能。同时，要加强农村思想道德建设，以社会主义核心价值观为引领繁荣振兴乡村文化，推动乡村精神文明与文化建设，增强村民的法律意识、文明意识、科学意识、生态意识、发展意识，构建乡村自治、法治、德治的治理机制，传播弘扬先进文化，推动移风易俗，培养农民良好的生活理念、生活习惯、生活方式，培育文明乡风、良好家风、淳朴民风，丰富乡村文化精神生活，打造乡风文明新气象，激发乡村建设与发展的活力。

4. 合约指导，构筑全程服务的保障体系

与每位培训学员签订培训就业合同，约定培训内容、方法和培训效果，保证学员的合法权益。协同培训学员设计制定产业发展或脱贫规划、方案，孵化创业。蹲点指导、密切跟踪，将培训对象的发展"效度"与培训教师团队的绩效考核挂钩，提供全程帮扶服务，实现培训愿景，有效保障和促进农民就业创业。

（五）落实责任，加大督察，规范运行

落实乡村建设和扶贫工作的领导责任，落实"三农"培训、扶贫培训、农民就业创业培训实施主体单位及实施个体的目标责任，加强领域内的党风廉政建设，开展"三农"工作和扶贫工作作风专项治理，消除领域内的形式主义、官僚主义，整肃腐败、庸政、懒政、怠政行为，严格追究追查"三农"培训、扶贫培训、农民就业创业培训工作不力和虚假瞒报责任。

加强对"三农"培训、扶贫培训、农民就业创业培训的资金管理，推进资金管理阳光化，管好、用好资金。加大对"三农"培训、扶贫培训、农民就业创业培训资金的审计力度，抓好抓实资金的使用和监管，确保资金安全。严惩"三农"培训、扶贫培训、农民就业创业培训工作中的腐败行为、违法违纪行为，严打领域内的经济犯罪，切实把"三农"培训、扶贫培训、农民就业创业培训办成民生工程和民心工程。

加大对"三农"培训、扶贫培训、农民就业创业培训工作的监管、巡查、巡视、考核力度，建立巡视、巡察制度，由国家监察部门或政府职能部门牵头，常态化联合开展专项工作巡查、巡视、督查、暗访，严格督查执纪追责问责，规范培训行为。将乡村建设和扶贫工作纳入对下一级党委、政府的综合考核，加大对"三农"培训、扶贫培训、农民就业创业培训实施主体的工作绩效考核，考核采取定性与定量相结合，以工作实绩实效作为考评的主要标尺，综合推进交叉考核、第三方评估、媒体暗访等系列考核评估，扩大考评结果运用范围，激发工作的积极性。

同时，要把乡村振兴和扶贫工作凝聚为民族共同行动。创建美丽乡村建设和脱贫工作示范样板，充分利用各种媒体，加大乡村振兴和扶贫政策宣传，宣传典型经验和典型人物与案例，宣传取得的成就，一方面激发乡村发

展的动力和农民脱贫致富、创业致富的主动性，另一方面让全社会都了解、理解、关注、参与乡村振兴和扶贫开发，营造良好社会氛围。

六 结语

打赢脱贫攻坚战是决胜全面建成小康社会的三大任务之一，"脱贫攻坚，是一场人与贫困之间的角力，更是一场人与自身的较量，需要社会各界的广泛关注和参与"。现在距实现全面建成小康社会为时不多，我们要增强工作的紧迫感和主动性，坚定不移贯彻落实党中央深化脱贫攻坚工作的决策部署，更加坚定精准有效地推进精准扶贫。精准扶贫的关键在于培养构建扶助对象的脱贫能力，实施乡村振兴战略，要推动乡村产业振兴、乡村人才振兴、乡村文化振兴、乡村生态振兴、乡村组织振兴，乡村产业兴旺是乡村振兴的基础、重点和突破点，乡村产业人才是乡村产业兴旺和乡村振兴的基础性和根本性保障。为此，我们要坚持农业农村优先发展、坚持生态优先绿色发展的原则，统筹谋划、科学推进精准扶贫和乡村振兴战略的实施。一要统筹推进，把农业农村优先发展和农村职业教育改革发展紧密结合，把精准扶贫与乡村振兴战略实施结合起来，将乡村建设和脱贫与农村公共服务、"三农"发展等系列工作紧密结合，促进美丽乡村建设与农村新型业态培育有机结合，使发展产业和打造劳动力相结合，落实政策、落地行动，大力发展农村职业教育，强化人才支撑和保障。二要建立长效机制，坚持绿色发展，推动乡村生态振兴，科学合理把握进度，将现有绿水青山等良好生态环境资源和潜在优势转化为富民资本和经济优势，开对"药方"大力发展乡村产业，促进群众持续增收、脱贫致富、创业致富，推动乡村的建设发展与振兴。三要完善协作机制，调动、整合、凝聚全社会力量协作，运用"组合拳"综合发力、精准发力，合力推进扶贫攻坚和乡村建设。四要培育新动能，把握"赋予乡村振兴能力和贫困人口脱贫能力"和"振兴乡村建设人才"核心要素，有效利用和充分发挥职业教育学历教育、继续教育、社区教育、社会培训的效能，借助职业教育培训，在传播先进文化的同时，普及推广科技，促进思想、技能、智力扶助相结合，调动广大农民的积极性、主动性、创造性，把广大农民对美好生活的向往化为推动乡村振兴的动力，着眼于可持续发展，着手于拔"穷根"，以"精准滴灌"强化农民和贫困人口致富发展的意识和能力，提高乡村各业劳动者素质，有效激活脱贫及乡村振兴诸要素发展活力，健全其发展内生机能，培育、打造和增强发展内生动力，激发建设美丽乡村的活力，促进就业创业，推动和促进乡村产业、文化、生态、社会全面振兴。

《中国教育发展与减贫研究》2018 年第 2 期
第 181～193 页
© SSAP，2018

建设滇西学习网
推动数字化学习扶贫

张志军

【摘　　要】面对艰巨的脱贫任务，习近平总书记提出"扶贫先扶志，扶贫必扶智"。在信息时代的背景下，教育信息化成为扶志与扶智的重要手段，但是消除数字鸿沟、通过数字化学习助推教育扶贫仍存在诸多问题。滇西学习网立足教育部定点扶贫地区——滇西片区的特定需求，通过人性化的功能和栏目设计，为滇西民众提供丰富的学习资源和专业的学习、交流平台，展开了数字化学习扶贫的有效探索实践。

【关 键 词】滇西　学习网　数字化扶贫

【作者简介】张志军，国家开放大学扶贫办公室主任，主要从事农业远程教育研究。

一　"精准扶贫"是实现中华民族伟大
"中国梦"的重要保障

贫困问题已成为当今世界最尖锐的社会问题之一。各国政府和社会各界对贫困问题一直相当重视，消除贫困是联合国"千年发展目标"的一项重要内容，也是我国政府的奋斗目标。

（一）我国的贫困人口现状

党的十八大以来，在以习近平同志为核心的党中央的坚强领导下，各地区各部门深入贯彻落实精准扶贫、精准脱贫基本方略，脱贫攻坚战取得显著成果。国家统计局于 2018 年 2 月 1 日发布《2017 年全国农村贫困人口明显减少 贫困地区农村居民收入加快增长》的数据指出，根据对全国 31 个省（自治区、直辖市）16 万户居民家庭的抽样调查，以国家农村贫困标准（2016 年贫困线约为人均纯收入 3000 元）测算，截至 2017 年末，全国农村贫困人口 3046 万人，比 2016 年末减少 1289 万人。数据还显示，西部农村贫困人口最多，高达 1634 万人；其次是中部农村贫困人口，为 1112 万人；东部农村贫困人口最少，为 300 万人。贫困发生率 3.1%，比上年末下降 1.4 个百分点。

在肯定成绩的同时，我们也要清醒地看到，我国仍处于并将长期处于社会主义初级阶段的基本国情没有变，作为最大发展中国家的地位没有变，加快贫困地区的发展，推动贫困人口脱贫依然艰巨。从贫困人口数量看，我国仍有农村贫困人口 3000 多万人，要在 2020 年完成脱贫任务，意味着每年要减贫 1000 多万人。尤其是一些革命老区、边疆地区、少数民族地区、集中连片特困地区，贫困人口多、贫困发生率高，脱贫任务任重道远。

（二）党中央对扶贫工作的要求和战略部署

2013 年 11 月，习近平总书记到湖南湘西考察时首次做出了"实事求是、因地制宜、分类指导、精准扶贫"的重要指示。"精准扶贫"是以习近平为总书记的党中央治国理政方略中对新时期扶贫工作新挑战与新要求的积极应对和正确指引。"精准扶贫"是全面建成小康社会、实现中华民族伟大"中国梦"的重要保障。

党的十八大以来，以习近平同志为核心的党中央把脱贫攻坚工作纳入

"五位一体"总体布局和"四个全面"战略布局，作为实现第一个百年奋斗目标的重点任务，做出了一系列重大部署和安排，全面打响脱贫攻坚战。在2017年10月召开的党的十九大上，习近平总书记再次把扶贫提高到新的战略高度，要动员全党全国全社会力量坚决打赢脱贫攻坚战，坚持精准扶贫、精准脱贫，深入实施东西部扶贫协作，重点攻克深度贫困地区脱贫任务，确保到2020年我国现行标准下农村贫困人口实现脱贫，贫困县全部摘帽，解决区域性整体贫困，做到脱真贫、真脱贫。

二　扶贫必扶智，教育要先行

习近平总书记强调，扶贫先扶志，扶贫必扶智。扶志就是扶思想、扶观念、扶信心，帮助贫困群众树立起摆脱困境的斗志和勇气；扶智就是扶知识、扶技术、扶思路，帮助和指导贫困群众着力提升脱贫致富的综合素质。要从根本上摆脱贫困，必须智随志走、志以智强，实施"志智双扶"。

扶贫必扶智、教育要先行。教育是解决贫困地区发展和贫困家庭持久脱贫的最佳方式，开展高质、高效的教育扶贫是提升贫困群众自身脱贫能力的重要途径。在扶贫的道路上，通过扶志激发出贫困群众的内生动力后，还需提升贫困群众的致富技能、拓宽发展思路，这就需要创造条件使贫困群体不断加强学习和开阔视野。教育扶贫是彻底稳定脱贫的重要推手，是打好脱贫攻坚战、保证贫困人口真正消除贫困的必由之路。

三　消除数字鸿沟，通过数字化学习助推教育扶贫

当前，信息技术已渗透到城乡经济发展和社会生活的各个方面，人们的生产、生活方式以及学习方式正在发生深刻的变化。数字化学习和终身学习已经成为这个时代教育发展的重要特征。

教育信息化促进了教育理念和模式的变革创新，成为促进教育公平的有

效手段。应该充分认识和利用数字化学习手段以实施教育精准扶贫。但是，当前在通过数字化学习推进教育扶贫方面仍面临很多困难和问题。

（一）城乡之间的数字鸿沟仍在扩大

中国互联网络信息中心（CNNIC）统计显示，截至 2018 年 6 月，我国城镇地区互联网普及率为 72.7%，农村地区互联网普及率为 36.5%（见图 1），与 2017 年末相比均有所提升，互联网在城镇地区普及率高于农村地区 36.2 个百分点，这个差距从 2014 年 6 月的 33.7 个百分点扩大至 2018 年 6 月的 36.2 个百分点，全国发达和欠发达地区信息化发展水平仍存在较大差异，城乡之间的数字鸿沟在持续扩大。

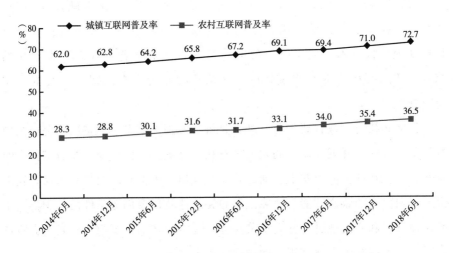

图 1　2014 年 6 月至 2018 年 6 月我国城乡互联网普及率差距

（二）数字鸿沟加剧了信息时代教育的不公平

信息技术的发展，突破了时空限制，推动了教与学的双重革命，汇聚了海量知识资源，打造了"没有围墙的学校"，为学习者提供更加优质、更加多样、更加个性化的数字化教育和数字化学习支持，对逐步缩小区域、城乡数字差距，促进教育公平起到了关键作用。然而，城乡之间、发达地区和贫困地区之间"数字鸿沟"的存在和扩大，则会造成信息技术得不到普惠、公平的使用，进一步加剧教育的不公平。这种情况在我国中西部地区、偏远的少数民族贫困地区尤为突出。

（三）大力开展数字化学习实现教育扶贫的助推器

消除"数字鸿沟"带来的教育不公平，需要因地制宜扶持贫困地区完善信息基础设施建设、搭建数字化学习环境、提供数字化学习资源和教学支持服务。提升贫困地区民众信息素养，增强贫困地区的民众使用信息技术的能力，让数字化学习成为贫困人群"用得上、用得起、用得好"的教育脱贫助推器，从而实现精准教育扶贫。

四　滇西学习网是对数字化学习扶贫的探索实践

（一）滇西片区的贫困问题现状

滇西边境集中连片特殊困难地区（以下简称"滇西片区"）位于我国西南边陲，集边境地区和少数民族地区于一体。区域范围包括云南省保山市、丽江市、普洱市、临沧市、楚雄彝族自治州、红河哈尼族彝族自治州、西双版纳傣族自治州、大理白族自治州、德宏傣族景颇族自治州和怒江傈僳族自治州 10 个市（州）的集中连片特殊困难地区 56 个。区域内有 48 个少数民族自治地方县（市、区）、19 个边境县（市、区）、45 个国家扶贫开发工作重点县（市、区）。由于其特殊的区位条件与自然环境条件，该地区多为山区，交通不便；少数民族居多，语言不通，双语教师欠缺，吸引优秀教师难度大，导致滇西片区的经济文化和教育发展水平相对滞后，贫困面广、贫困程度深。

滇西片区是云南省 4 个集中连片特困地区中国土面积最大、贫困人口最多的片区，一直以来都是我国扶贫开发的主战场，少数民族贫困、边境贫困凸显，扶贫开发的复杂性、艰巨性较突出。经过 30 多年的扶贫开发，虽然取得了一些成效和经验，但是贫困人口规模大，贫困程度深，发展滞后的现状始终没有得到根本性改变。面对发展基础弱、内生动力不足等问题，近年来滇西片区的脱贫攻坚在中央部委和地方政府共同努力下，形成了行业部门支持、社会广泛参与的大扶贫格局。截至 2017 年底，滇西片区建档立卡贫困人口从 177.81 万人下降到 127.56 万人，贫困发生率从 12.87% 下降到9.23%，13 个贫困县（市、区）通过省级核查、正在向国家申请摘帽，804个贫困村出列。但在推进精准扶贫过程中，贫困人口因不可抗拒因素致贫返贫现象还比较严重，贫困地区自我发展能力不足，扶贫资金投入不足、利用效率不高，政府主导社会多元参与不足等问题、难题，严重影响扶贫效益。可以说，这些问题不解决，这些难题不破解，精准扶贫、精准脱贫的目标就难以如期完成。

（二）滇西片区是教育部定点扶贫地区

定点扶贫是中国特色扶贫开发事业的重要组成部分，是党中央、国务院为加快扶贫攻坚进程、构建社会主义和谐社会做出的一项重大战略决策。为落实中央扶贫工作会议精神，教育部确定了云南滇西边境片区为联系对象，充分发挥教育系统的优势，着力提高滇西区域自身的"造血"功能。2012 年 11 月，国务院扶贫办、国家发展改革委印发的《滇西边境片区区域发展与扶贫攻坚规划（2011～2020 年）》指出，教育部作为滇西边境片区扶贫攻坚工作的联系单位，加强沟通协调，加大对滇西边境片区区域发展与扶贫攻坚的支持力度，统筹研究、指导和帮助地方解决工作中遇到的困难和问题，在政策制定、资金投入、项目安排等方面给予倾斜。充分发挥教育在精准扶贫中的重要作用，建立多方联动、通力合作、精准发力、整体提升的教育扶贫新机制，进一步增强滇西人民脱贫致富的能力，实现滇西地区贫困人口就业脱贫与东部劳动力缺口补充的有效对接，完成好"发展教育脱贫一批"的重要任务。为推进定点联系工作，教育部制定了《教育部定点联系滇西边境山区工作方案》，明确"将滇西边境山区建设成为人力资源开发扶贫示范区"的工作思路。自中央确定教育部定点联系滇西扶贫工作以来，教育部与 28 个部委建立了滇西部际联系工作机制，统筹了部内司局、直属高校、直属单位、东部地区职教集团等方面的力量，通过搭建平台、引进资源、开发人力等多种举措，推动滇西脱贫攻坚工作取得了重要进展。

国家开放大学按照教育部办公厅印发的《教育部定点联系滇西边境山区工作方案》和《〈教育部云南省人民政府加快滇西边境山区教育改革和发展共同推进计划（2012～2017）〉任务分解方案》要求，充分发挥自身特点和系统办学优势，以"定向选点、体系联动、集团帮扶、量力而行、尽力而为、务求实效"的基本思路，结合国家开放大学在信息化教育方面的优势和滇西边境片区实际情况，积极响应对口支援滇西教育工作的总体部署，认真贯彻和落实教育援滇任务，加大对滇西教育的支持力度，承担了"滇西学习网"的建设和运维任务，力图通过打造面向滇西的远程教育和优质资源共享平台，为滇西区域发展和扶贫攻坚做出应有的贡献。

（三）滇西学习网是数字化学习扶贫的探索实践

国家开放大学"滇西学习网"是依托国家开放大学30多年"面向地方、面向基层、面向农村、面向边远地区和少数民族地区"的办学经验以及大量优质适用的数字化学习资源，立足滇西地区社会教育需求，为滇西民众打造的一个免费共享优质数字化学习资源的学习与交流平台。受国家开放大学委托，国家开放大学数字化学习资源中心凭借丰富的平台开发经验以及对远程教育行业特性的了解，结合滇西地区民众生活需求和学习特点，基于"用得起、用得上、容易用"的设计理念，承担了国家开放大学"滇西学习网"的建设工作。

1. 建设目标

充分发挥国家开放大学数字化教育资源在学历教育之外的作用，探索国家开放大学服务农村、边远贫困地区的新方式、新途径。为滇西边境片区学习者提供丰富的学习资源和数字化学习环境，促进当地经济发展，人民脱贫致富。

2. 功能和栏目设计

滇西特殊困难地区是一个集边疆、边境、山区、少数民族于一体的集中地区，经济发展基础薄弱，国家开放大学通过建设"滇西学习网""云教室"等多种形式，解决乡村教师"派不出、留不住、教不好"的困境，提升滇西地区整体教育质量。国家开放大学数字化学习资源中心根据对滇西地区特色经济的发展与产业结构模式的研究，在"滇西学习网"设计以下专栏，以便服务于当地经济发展和民众需求。

（1）在线学习功能。为适应滇西地区社会发展及生活需要，提供农业技术、职业技能、经营管理、法律法规、信息技术、科普知识等类课程资源。通过在线自主学习，促进滇西片区民众开阔眼界，提升知识水平与职业技能，促进当地的社会经济发展。

（2）专题资源服务。根据学习者的需求、国家时政方针及当地经济发展需要，围绕特定主题，对课程资源进行整合、组织，推出学习专题，如"旅游业可持续发展专题""果树病虫害防治专题"等，便于学习者相对系统、全面地学习、了解相关知识。

（3）资讯服务。因滇西地区地势偏远、经济落后、交通不便、信息闭塞，提供该地区下辖各区域的地方快讯、惠民政策，以及政府对其的支持与关怀等信息，促进地区信息流通。

（4）学习空间。通过设立个人空间、学习小组、组织活动、讨论交流等板块，建立用户间的沟通交流平台，便于用户间相互促进、相互学习，激发用户学习兴趣，增强学习效果和用户参与的主动性，形成共享与互动的学习氛围。

（5）滇西风采。通过民族风俗、自然风光、人文景观、特色物种、节庆活动、资源特产、人物纪实等栏目展示滇西自然风光、风土人情，并传播滇西地区的风俗文化，让外界了解滇西、认识滇西。

（6）学习助手。为了帮助滇西地区的民众了解相关的法律知识，学习实用技术并提高实际工作能力而推出的栏目，具体包括法律知识、实用技术、科技致富，扩大了滇西民众的知识面，提高了他们的专业知识水平。

3. 课程选择与提供

为有效推进滇西片区精准扶贫，国家开放大学在课程设置和学习内容选择上，突出实践技能和地方特色，设计开发方便实用的课程"学习包"，开通学习专题，共享学习资料，多渠道提供教学支持服务，把最实用、最适用的知识技能传授给滇西片区民众，为"滇西学习网"课程资源提供了丰富的资源。

（1）课程整合、发布。目前，国家开放大学已上线发布8大类、24小类共计5644门课程（见表1）。

表1　国家开放大学上线课程

序号	一级分类	二级分类	课程数量
1	农业技术	农作物、园艺、植物保护、农产品储藏加工、农业工程与机械、畜牧兽医、水产养殖、土壤肥料、林业技术、餐饮烹饪、服装设计与制作、美容美发、医疗保健、电器维修、手工制作、装饰装修、家政与社区服务、汽车维修、机械加工、休闲旅游、建筑施工、农产品经营、乡镇企业管理、农村行政管理	2901
2	职业技能		2406
3	经营管理		88
4	法律法规		80
5	环境卫生		77
6	文体艺术		44
7	科普知识		40
8	信息技术		8
汇总			5644

（2）学习专题发布。目前，国家开放大学发布共享的传统手工艺品制作技法等12个学习专题，包括137门课程（见表2）。

表2　国家开放大学发布共享的传统手工艺品制作技法

序号	专题	课程
1	传统手工艺品的制作技法	《草编新工艺》《彩泥工艺品塑制》《布花制作工艺》等
2	蔬菜种植与田间管理技术	《初级蔬菜园艺工之田间管理与采收》《中级蔬菜园艺工之设施育苗》等
3	生活中的经济学	《谁负担了税收》《谷贱伤农》《怎样才能实现最佳购买行为》等
4	公共经济学	《什么是公债的资产效应》《财政组合拳的应用时机》《平衡收入差距的个人所得税》等

续表

序号	专题	课程
5	服装设计与剪裁入门	《女两用衫的缝制工艺：初级服装制图与缝制工艺、款式造型与面料选择》《服装设计》等
6	菌类菜肴的制作	《里脊白玉菇》《珍菌什锦汤》《香炸凤尾菇》等
7	八种中药材的种植与加工	《土木香栽培技术》
8	农村法律系列讲座	《养殖业保险》《中国农村保险》《农村社会治安综合治理》《信托与保险》等
9	果树等经济林木的病虫害防治	《茶树病虫害防治》《甜橙病虫害防治》《柑橘病虫害防治》《园林植物病虫害防治》等
10	变废为宝：沼气能源开发	《沼气引来农家乐》《农村能源的开发与环境》《北方农业能源生态农业模式》等
11	水果保鲜贮藏技术	《荔枝龙眼防腐保鲜》《葡萄保鲜技术》等
12	致富锦囊：家禽养殖技术大全	《鹅鸭活毛技术》《稻田露宿养鸭》《番鸭和骡鸭的生产技术》《樱桃谷鸭养殖》等

（3）学习资料整合、发布。目前，国家开放大学发布提供实用技术、科技致富、法律知识共计 353 条学习资料（见表 3）。

表 3　国家开放大学发布提供的实用技术、科技致富、法律知识

序号	类别	内容	数量
1	实用技术	种植、养殖、水产、林业	263
2	科技致富	新科技、致富经	49
3	法律知识	法规、案例	41
	汇　　总		353

（4）滇西相关信息整合、发布。目前，国家开放大学整合滇西风采、惠民政策、各地快讯、政府关怀信息共计 1572 条（见表 4）。

表 4　国家开放大学整合滇西风采、惠民政策、各地快讯、政府关怀信息

序号	类别	内容	数量
1	滇西风采	自然风光、人文景观、民族风俗、人物纪实、资源特产	82
2	惠民政策	乡村医生培养、开展劳动力素质提升培训、新型职业农民培育试点等	27

续表

序号	类别	内容	数量
3	各地快讯	中国农民丰收节、中国航天科普展等	1234
4	政府关怀	农民权益、爱心助残、法律援助等	229
汇　总			1572

4. 运营维护

2013 年 11 月 5 日，国家开放大学"滇西学习网"（http：//dianxi. nerc-edu. com/）在云南大理举行正式开通仪式。教育部副部长鲁昕、国家开放大学校长杨志坚以及云南省相关领导共同启动了"滇西学习网"。国家开放大学"滇西学习网"的开通，是教育部对口支援滇西教育发展的一项重要举措，也是探索发挥国家开放大学推动优质资源共享、服务全体社会成员的优势，为滇西边境片区学习者提供了丰富的数字化学习资源和完善的数字化学习环境，是提升广大劳动者职业技术、文化素养的一项创新举措。

"滇西学习网"自上线运行以来，国家开放大学数字化学习资源中心加大对"滇西学习网"的经费和人员投入，确保网站系统安全稳定。通过采取将网站服务器托管阿里云模式，加强对"滇西学习网"运营人员的业务培训，组织安排专门技术人员对网站进行实时网络监控，确保系统安全、便捷和稳定的运行。随着对"滇西学习网"的大力宣传推广，网站浏览量逐步增加，得到了当地群众越来越多的关注。通过建设"滇西学习网"而形成的现代远程教育以及它所带来的优质教育资源，在一定程度上推动了滇西地区教育发展，缩小了由数字鸿沟所带来的城乡差距，为促进教育公平，推动滇西地区教育跨越式发展起到了重要的作用。

5. 今后规划

（1）与当地的教育机构密切合作，并做好与当地学习平台的对接，支持当地的社区教育、终身学习、信息职业农民培养。

国家开放大学与当地更加紧密合作，联合当地职业院校、培训机构、高等学院等各类教育机构，为教育机构提供符合滇西经济社会发展所需的数字化学习资源，形成以"滇西学习网"为核心、各类在线学习和培训平台积极参与，覆盖面更加广泛的数字化学习环境。使"滇西学习网"的资源服务由"点"到"片"，由"木"成"林"，形成规模效应，探索资源服务的新方式、新途径，支持当地的社区教育、终身学习、新型职业农民培养。

"滇西学习网"面向第三方系统开放资源调用接口，第三方系统可以浏览、检索和引用"滇西学习网"的学习资源，利用丰富的资源组织在线课程、开展各类培训，或者直接使用"滇西学习网"的课程和专题资源。资源接口还支持移动平台的调用，第三方移动平台通过接口调用"滇西学习网"资源，丰富自身的资源展示和学习体验。

同时，"滇西学习网"还将面向第三方系统开发单点登录接口，实现用户在多个系统间的无缝跳转，减少用户多次注册、多次登录的烦琐操作，降低在线学习的操作复杂度，使当地群众可以更加简便的参与学习。

（2）与当地政府、学校密切合作，开发新的适用于当地学习的数字化学习资源，服务当地社会、文化发展。

"滇西学习网"依托国家开放大学在 30 多年办学历程中所积累的大量面向基层的办学经验和优质的教育资源，为滇西边境片区学习者提供丰富的学习资源和数字化学习环境，促进当地经济发展。在此过程中持续开发和更新适合滇西发展需要的资源。

在为滇西边境片区学习者提供丰富的数字化学习资源的同时，"滇西学习网"将继续做好课程建设服务，秉承"授人以鱼，不如授人以渔"理念，将数字化学习资源开发制作的先进技术带到当地，与当地资源制作人员合力开发符合当地特色的数字化学习资源。

第一，组织开展技能培训。组织专业的资源开发制作人员，对滇西当地的资源制作人员批量开展培训并提供持续的技术支持，帮助当地人员掌握数字化资源的开发技能，实现资源制作、发布和应用的本地化，提高当地人员参与资源制作的积极性、主动性。

第二，合作开发资源。与当地广播电视大学、国家开放大学数字化学习资源中心分中心机构等合作，合力开发符合滇西特色的农业、旅游、环境卫生等各类资源。

第三，引导建立资源共建共享机制。借鉴国家开放大学数字化学习资源中心"总中心及分中心"体系多年积累的资源共享机制，引导和帮助滇西各类教育机构建立资源共建共享机制，减少资源重复建设，提高资源利用率，形成资源建设、分享和应用的良性循环。计划将"滇西学习网"的课程资源与服务和武定县学习中心的教育扶贫工作相互结合。

（3）开发和完善移动学习平台，为滇西学习者提供基于手机的移动学习服务。

随着智能移动设备的普及和 4G 等移动通信技术的发展，针对当地的生产生活特征，开发和完善"滇西学习网"移动学习平台，使人们在梯田、在林间、在厂房、在果园，在任何地方都可学习，营造时时能学、处处可学的泛在学习环境，促进形成人人皆学的学习型社会。

"滇西学习网"移动学习平台与"滇西学习网"网站保持同步，学员在网站上收藏的资源、学习记录、学习进度和交流消息在移动学习平台都可以完整呈现，反之亦然。同时，根据学员的兴趣和订阅，优质资源也会同时推送到移动学习平台，只需打开手机即可及时浏览观看最新资源。

移动学习平台同时支持离线学习，学员可将学习资源缓存到移动设备中，在移动学习过程中，即使在山涧等网络条件较差的地点也可学习；在线时也可极大地减少网络流量，降低移动通信网络费用，降低学习成本。同时，针对移动学习特征，为移动学习平台开发分享功能，学员可以将学习资源、学习成果等分享给好友，促进学员间交流，形成学习圈子，提高学员参与学习的积极性和主动性。

《中国教育发展与减贫研究》2018 年第 2 期

第 194～202 页

© SSAP, 2018

"四个精准全覆盖"助力教育脱贫

——陕西汉阴县教体局脱贫攻坚做法

冯友松

【摘 要】教育作为阻断贫困代际传递的治本之策,教育扶贫在整个脱贫攻坚任务中发挥重要作用。陕西省汉阴县教体局围绕"扶持谁""谁来扶""怎么扶""如何扶"四个方面充分发挥教育扶贫的基础性、先导性作用,推进教育精准扶贫工作。一是将国家薄弱学校改造项目与教育扶贫相结合,全面实施薄弱学校改造全覆盖;二是全面推行城乡教师均衡配置全覆盖,为均衡配置农村师资奠定基础;三是全面推进职业教育和技能培训全覆盖,提升贫困农民脱贫致富的内生动力;四是全面实施特殊群体关爱全覆盖,构建全方位网络体系。

【关 键 词】教育脱贫 精准 全覆盖

【作者简介】冯友松,汉阴县教育体育局,从事教育扶贫工作。

打赢脱贫攻坚战是党中央、国务院做出的重大决策,也是实现全面建成小康社会目标的重要标志。"扶贫先扶智"是习近平总书记新时期对坚决打好、打赢脱贫攻坚战的新论断之一。教育是阻断贫困代际传递的治本之策,教育扶贫是整个脱贫攻坚任务的重要组成部分。陕西省汉阴县教体局切实贯彻全县脱贫攻坚工作部署,紧紧围绕"扶持谁""谁来扶""怎么扶""如何扶",充分发挥教育扶贫的基础性、先导性作用,扎实开展教育精准扶贫工作,持续发力,久久为功,取得了显著成效。

一　全面实施薄弱学校改造全覆盖

为打造城乡教育一体化均衡发展,实现城乡学校建设标准一样、硬件配备一样,汉阴县将国家薄弱学校改造项目与教育扶贫有机融合,不断加大投入,实施城乡薄弱学校改造同步进行、全面覆盖。

(一) 全面改善办学硬件条件

为实现城乡办学条件均等化,县委、县政府全力争取中央、省项目资金,积极调整财政支出结构,持续加大教育投入,切实将"再穷不能穷教育"从口号变成实际行动。自2011年以来,汉阴县先后投入8.26亿元实施学校标准化建设、薄弱学校改造、寄宿制学校、城镇学校扩容改造等438个建设项目,新建的汉阴中学、县职教中心,实验小学、凤台小学相继投入使用。汉阴县坚持"统筹规划、合理布局、先建后并、确保入学、提高质量、群众满意"的原则,优化整合中小学布点63个,布局科学合理,城乡之间、校际的办学条件基本均衡已成现实,真正实现了"最漂亮的建筑属于学校,最安全舒适的环境在校园"。在"十三五"期间,汉阴县将投资近7.6亿元,新建中小学、幼儿园7所,增加学位近15000余个,力求全县中小学、幼儿园办学条件全部达到标准化、均等化。

(二) 全面加强薄弱学校资源配备

汉阴县先后投入7000余万元,增配学生电脑2700余台、教师电脑1500台、电子白板652套,更新计算机教室61个,新设播教室5个、校园电视台7个,建立STEAM示范校2所,安装视频会议系统17套,实现网络校校通覆盖率100%,全面推行校车出行动态全程电子监管。此外,汉阴县投入700余万元实施农村学校绿化美化,优化学校育人环境。通过对薄弱学校全面提等升级改造全覆盖，汉阴县实现了不让一所农村学校在办学条件上掉队。

（三）高标准建设城区周边"卫星"学校

针对城郊及周边学生进城"择校、择师"，导致城区"大班额"不断加剧的难题，汉阴县积极采取措施增强城郊及各镇中心小学吸引力，按照城镇学校建设标准对城郊五一小学、太平小学、杨家坝小学等农村完全小学进行改扩建，扩大学校占地面积、建全建齐高标准教室和运动场，建设规范的学生食堂餐厅。在此基础上，汉阴县为各镇中心小学规划建设高标准的学生宿舍，配备空调、储物柜、洗漱架和床单棉被等生活设施与生活用品，并配套建有洗衣房。目前，全县各镇中心小学和城区周边的农村小学，办学条件已经超过城区学校，城周边学生回流就近上学已成趋势，有效缓解了城区"大班额"问题。

二　全面推行城乡教师均衡配置全覆盖

为解决乡村优秀师资留不住、用不长，城区师资下不来、不愿下，基础教育"乡村弱""城镇挤"的现象，汉阴县出台了《汉阴县中小学幼儿园教职工工作调动管理办法（试行）》《汉阴县中小学校领导班子选拔任用工作办法》等法规，进一步深化教育人事制度改革，配足配齐服务于农村学校的师资力量，为均衡配置农村师资奠定了坚实基础。

（一）搭建五座桥梁确保优秀教师下得去、留得住、起作用

1. 建立对口支援桥

汉阴县根据中小学布局建立大学区，将师资力量相对较强的学校定为学区长，由学区长学校选派优秀教师、管理人员到学区内学校进行交流任教，强校带弱校，实现了强弱校共进。

2. 建立能手考核桥

汉阴县制定《省市教学能手综合考核细则》，将省市教学能手赴农村学校任教 1 年作为综合考核合格的基本条件，并要求至少培养 1 名县级以上教学能手。五年来 30 余名省市教学能手到山区学校任教，培养了 230 余名县级教学能手。

3. 建立留乡待遇桥

汉阴县根据各镇辖区学校工作生活条件、交通距离状况等差异化因素，进一步提高乡村教师待遇，以乡村教师生活补助和镇干部工作津贴两项津贴为基础，2017 年乡村教师生活补助的标准从原来两项补贴叠加执行最多月增资 1000 元提高到现在的 1500 元，执行镇干部工作津贴，两项津补贴叠加最多可月增资 2200 余元，不仅稳住了乡村教师的"人心"，还吸引了城区优秀教师主动到山区教学。

4. 建立干事创业桥

汉阴县民主、公开、公正地选拔年轻校领导，结合"三项机制"，对干事劲头不足、工作成绩连续末尾的学校负责人免职换岗；对省市教学能手、骨干教师、校级领导到农村学校支教挂职的，在支教期内进行任职。对成绩突出人员正式任命，树立了能者上、庸者让的用人导向。

5. 建立职称晋升连心桥

为激发城区优秀教师到农村学校支教，凡是在农村学校支教期间，教育教学成绩突出和学生满意的，达到职称晋升条件和年限的，实行职称指数倾斜机制。

（二）强化农村学校教师综合素质提升培训

汉阴县充分利用"国培项目"，开展置换脱产学习和全员培训等各级各类培训工作。在安排教师外出学习时，培训人员遴选最大限度向农村学校倾斜，并将薄弱学科培训指标全部安排在农村学校。同时发挥全县 25 个名师工作站送教引领作用，引领全县农村学校连片研修、校本研修，有效带动了农村学校的教研工作上水平、上台阶。

五年来汉阴县公开流动 811 人，校长教师交流轮岗 694 余人，200 余名符合"出山进城"条件的教师自愿继续在农村任教。此外，汉阴县通过开展集中培训、送教讲学、名师讲坛、校本培训、技能竞赛等活动，培养了省市级教学能手和学科带头人 124 人，县级教学能手 313 人，同步建立了 25 个名师工作站，并通过城乡对口交流、城乡联动交流的长效机制，促进了教师均衡配置和中青年教师扎根农村教育事业。汉阴县的教师管理改革做法被教育部、陕西省委政策研究室推广。

三　全面推进职业教育和技能培训全覆盖

汉阴县重视职业教育扶贫工作，充分发挥中职学历教育和技能培训在农民致富、创业就业、贫困脱贫的基础作用，全面开展各种技术技能培训，提升贫困农民脱贫致富内生动力。

（一）强化中职学历教育，拓展学生的成才之路

结合国家加快发展现代职业教育政策的出台以及一大批普通本科高等学校向应用技术类型高等学校转型的历史契机，汉阴县深入研究高等职业院校分类招生考试政策，将中职教育转型为"以升学为主"，大力宣传职业教育方针政策，使家长、学生及广大群众全面了解职业教育政策、了解职业教育，转变广大学生家长及社会各界对职业教育的认识。汉阴县还把职教招生工作纳入各镇、各部门、各初中学校年度工作目标综合考核。2014 年开始尝试走中职学生报考高职单招的路子，连续三年中职学生报考高等职业教育单招考试录取率均达到 100%，一大批贫困家庭子女通过中职教育走上了成功就业、升学之路，彻底斩断了贫困代际传递。

（二）加强职业技能培训基地建设

为把职业技能培训做大做强，做出品牌、做出特色，汉阴县在全县 10 个镇和城区 4 个社区分别建立农村培训学校和城区居民培训学校及 115 个村

级流动培训点，成立了以县政府分管领导任组长，各镇、人社、财政、教育、农林、扶贫等相关部门领导为副组长，以人社、教育部门管理为主、各镇管理为辅的农民教育培训学校。在农民教育培训学校的运作上，具体由各镇政府摸底调查、组织学员，财政部门负责统筹培训项目和资金，县职教中心牵头组织实施，并承担教材编印、教学管理，最终形成精准扶贫的攻坚合力。

（三）搭建优势平台，整合三项资源

1. 整合硬件资源

汉阴县结合全县中小学教育资源，将闲置校舍和各镇成人文化技术培训学校进行整合，按照区域优势、人员规模、分片集中合理重组，壮大了技能培训办学实力，形成了职业教育的"拳头"。

2. 整合师资团队

汉阴县大力宣传，广泛征集，根据培训专业设置需求，建立了以人社、农林、扶贫、职教中心等部门的专业人员和农业产业致富带头人为主，以临时聘用社会专业技术人员为辅的师资培训团队。

3. 整合培训项目

按照"项目整合、资金捆绑、渠道不乱、用途不变、集中使用、各记其功"的原则，汉阴县将人社、农林、扶贫、教育等相关部门技能培训项目整合，由县职教中心牵头集中对各镇农民教育培训学校实施培训，充分发挥职教中心自身品牌优势和平台资源优势，多层次、多形式大力开展各类职业技能培养培训，真正实现"培训一人、带动一片、造福一方"的目标。

（四）紧扣技能脱贫，实施"2＋5"精准培训

为使全县职业技能培训工作取得实效，汉阴县建立了详细的技能扶贫台账，实施了"2天扶志＋5天扶智"按需精准技能扶贫。

1. 实施2天扶志的通识培训

扶贫先扶志，为彻底转变群众"等、要、靠、拿"依赖懒惰思想，镇

村干部组织当地群众集中到农民教育培训学校，对其进行惠农政策、法律法规、环境卫生、健康教育、传统文化、社会道德、励志教育、村规民约、好家训家风、邻里关系等方面的宣传教育，引导农民强化公民国家意识、社会责任意识、民主法治意识，传承好家训，建设好家风，弘扬社会公德、职业道德、家庭美德和个人品德，提高群众文明素质，增强勤劳致富的志气。

2. 推行 5 天扶智的技能培训与实践操作

（1）加强专业技能培训。汉阴县围绕"每个贫困户找到一条致富门路、每个适龄劳动力掌握一项增收技术"的目标，集中开展电子商务、畜禽养殖、果树修剪、烹饪、食用菌栽培、乡村旅游、电动缝纫、农产品加工、电焊、钳工、动物防疫、果树病虫害防治、酿酒、餐饮服务、家政服务等专业技能讲座。近年来，汉阴县开展农民实用技术、进城务工人员专业技能等各类培训达 6000 多人次，开展"阳光工程""劳动力转移""雨露工程"培训等累计达 7000 余人次，真正把"用得上、能管用"的实用技术送到老百姓手上，帮助群众用足用活技能扶持、劳动力培训等政策。

（2）开展"校企"合作培训，提高劳务输出率。为了实现精准培训与精准扶贫有效对接，汉阴县将企业扶贫与职业教育相结合，根据《汉阴县教育体育局与陕西汽车技工学校精准扶贫技能培训就业安置合作协议》，按照订单式、学徒制校企联合培养培训，以学制班与短训班相结合的形式，免费培训全县建档立卡贫困户子女，学员培训结束后发放学校培训结业证、国家职业资格中级工技能等级证书。学员经考核合格后，统一安置在陕汽集团或下属子公司工作，缴纳五险一金，享受企业相关福利待遇，确保培训一人、就业一人、脱贫一户，真正做到"授人以鱼，不如授人以渔"，助力全县脱贫攻坚大局。

四 全面实施特殊群体关爱全覆盖

为进一步强化对特殊群体人员的关爱，充分发动全体教职工开展结对帮扶，创新推行"三个一"教育扶贫模式，汉阴县在全县中小学推行"一户一卡、一生一策、一教一帮"的"三个一"制度，并出台《落实教育脱贫"三个一"工作的通知》《在全县开展教师结对帮扶贫困学生专项行动的通知》。按照"1＋1"或"1＋N"的方式结对，即1名教职工与1名或多名贫困学生建立结对帮扶关系，对建档立卡户学生在"学习上优先辅导、生活上优先照顾、活动上优先安排、资助上优先保障"，有助于确保结对帮扶覆盖到全县每一所学校、幼儿园的每一名贫困学生及每一个建档立卡的贫困家庭，努力构建一个横向到边、纵向到底的教师结对帮扶贫困学生的网络体系。

（一）开展理想扶志

帮扶教师主动与贫困学生建立结对帮扶关系，结合学生实际开展一对一的理想信念教育，每周定期和学生见面谈心，平常不定期和学生沟通交流，引导学生树立正确的世界观、人生观、价值观，帮助学生形成健康的心态，做好生涯成长规划。同时通过家访、利用家长会等途径和家长进行交流，全面了解掌握学生家庭情况，引导贫困生家庭树立主动脱贫的志气，增强"我要脱贫"的迫切愿望，"人穷志不穷"，发奋实现脱贫目标。

（二）开展学习扶智

帮扶教师准确了解被帮扶学生的学习情况和个人爱好、特长，制定切实可行的学生成长帮扶计划，通过一对一的专题课外辅导，帮助学生提高学习信心和成绩；结合学生的个人爱好和特长，指导学生积极参与学校兴趣小组的学习培训活动，培养学生个人能力和素养；全面关注学生课外生活，结合学校实际为帮扶学生争取更多的社会实践和锻炼机会，增强学生荣誉感和责任感。对初高中毕业不再选择升学的贫困学生，结对帮扶的教师积极宣传动员学生参加职教中心组织的免费技能培训，使学生学到脱贫致富的本领。

（三）开展生活扶困

帮扶教师积极主动了解各类资助政策和信息，结合被帮扶学生实际，协助学生争取学校、政府及社会的各项资助和帮扶政策，结合帮扶对象的实际需求，想方设法为帮扶学生创建好的物质生活条件，确保帮扶学生衣食无忧，保障学生顺利完成义务教育，争取高等教育。鼓励教师根据自身经济条件和意愿，将帮扶对象延伸至结对帮扶学生的家庭，彻底解决学生学习生活的后顾之忧，使学生能安心学习。

《中国教育发展与减贫研究》2018 年第 2 期

第 203~210 页

© SSAP，2018

北川羌族自治县交出高质量
教育扶贫答卷

雷　春

【摘　　要】北川羌族自治县在教育扶贫道路上找准切入点，形成
教育扶贫特色之路。一是建立"分工协作，责任五包""挂图作战，分
层推进""痕迹管理、责任倒查""动态监测，贫困预警""督查暗访，
清单交办"五项机制来落实教育扶贫担当；二是坚持做到"关爱好每
一个学生、举办好每一所学校、落实好每一项政策"三个好，交出教
育扶贫的满意答卷；三是"创建教育救助基金、创新宣传教育方式、
创新开展教育改革"三创新来打造教育扶贫特色，交出高质量教育扶
贫答卷。

【关 键 词】教育扶贫　创新　高质量

【作者简介】雷春，北川羌族自治县扶贫开发局社扶股股长，负责
全县扶贫特色亮点工作的提炼总结及全县社会扶贫工作。

教育兴，则国兴；教育强，则国强。党的十八大以来，以习近平同志为
核心的党中央高度重视教育事业，着眼于统筹推进"五位一体"总体布局
和协调推进"四个全面"战略布局，把中国特色社会主义教育事业提升到
了新的高度。北川县委、县政府坚定践行习近平总书记扶贫开发战略思想，

始终将教育扶贫作为最大的政治责任、最大的民生工程、最大的发展机遇，发挥好教育在脱贫攻坚中的基础性、先导性、持续性作用，以入学率、贫困学生资助率、标准中心校达标率"三个100%"，交出了北川高质量教育扶贫答卷。

一　"五机制"落实教育扶贫担当

自从开展教育扶贫以来，北川县高度重视、精心组织，创新建立五项机制，建成层层联系、环环相扣的工作链，每名干部、教职工不盲目不徘徊、勇往直前、敢于担当，每项工作都落实到人、落实到时间、落实到任务清单。

（一）建立"分工协作，责任五包"机制

北川县成立了以县委常委、宣传部长为组长，县政府分管教育副县长为执行组长，县教体局局长为副组长，县教体局党委委员为成员的教育扶贫工作领导小组。领导小组下设办公室，由县教体局分管副局长担任办公室主任。领导小组严格实行教育扶贫工作"五包"① 机制，层层签订教育脱贫攻坚责任书，层层细化分解落实责任，实行"清单制 + 责任制 + 督考制"工作法，确保全县教育扶贫工作横向到边、纵向到底，整体推进，不漏一户一人。

（二）建立"挂图作战，分层推进"机制

北川县印制教育扶贫攻坚"作战图"，细化"作战"目标清单、任务清单和节点清单，将工作安排到月，细化到周，落实到天。县级层面每季度召开一次乡（镇）及部门联席会，对照"责任清单"梳理工作落实情况及工作推进中存在的困难和问题，及时研究解决办法，限时完成整改。同时对季

---

① 教体局班子成员包片、机关干部包乡、校领导包村、班主任包户、科任教师包人。

度工作开展情况进行考核，并根据考核情况，进行通报表扬，对工作推进不力的由县级分管领导给予批评谈话。在教育系统层面，北川县每月定时召开工作推进会，汇总工作推进情况，梳理工作中存在的问题，并建立问题台账，实行问题导向，限时办结，以确保教育扶贫提升巩固工作保质按时推进。

（三）建立"痕迹管理，责任倒查"机制

北川县坚持教育扶贫工作全程纪实，常态化做好"一人一档"痕迹化记载。记载内容包括准确填写建档立卡贫困学生基本情况、帮扶计划、帮扶措施、帮扶成效、扶贫政策清单；如实记载每一次教育资助，每一次上门走访帮扶，每一次电话、短信、微信沟通；制作专门的教育资助"告知单""告知函"，让全体贫困学生家庭对自己所享受的政策清清楚楚，明明白白。

（四）建立"动态监测，贫困预警"机制

北川县成立预警监测处置领导小组，负责收集、汇总、核实全县触发预警并有义务教育阶段适龄学生的临界贫困户基本信息，及时研究并形成具体处置措施。各义务教育阶段学校是临界贫困户家庭适龄学生监测责任主体，负责整合教体局联系干部、学生班主任、一对一帮扶教师的力量，对本校所负责的招生片区适龄学生实施动态监测，确保在第一时间发现触发预警点的贫困户，并建立预警监测台账，及时上报教体局教育扶贫办。教体局教育扶贫办在收到由学校上报和县联席会议交办的触发预警监测点农户适龄学生信息后，在半天之内整理好相关信息，并提请预警处置领导小组召开专题会议研究解决。

（五）建立"督查暗访，清单交办"机制

北川县教体局成立了由教育督导室牵头的教育扶贫成果巩固督查暗访组，不定期深入全县各校及所有建档立卡贫困户家庭进行督查暗访，就标准

中心校建设、控辍保学、学生资助和家长对教育资助政策的知晓度，对教育扶贫工作满意度、认可度几个方面进行督查暗访，做到全覆盖、常态化。此外，县教体局还建立督查暗访问题清单，全部实现清单交办，限期整改，定时回访。

二 "三个好"交出教育扶贫答卷

北川教育扶贫坚持做到关爱好每一个学生、举办好每一所学校、落实好每一项政策，让每一个贫困家庭学生都能得到资助，让贫困家庭子女都能接受公平教育，阻断贫困代际传递。

（一）关爱好每一个学生，确保适龄学生入学率达 100%

目前，北川全县有 6～15 周岁适龄儿童少年 19919 人，入学率达 100%，其中建档立卡贫困家庭义务教育阶段适龄儿童少年 1731 人。

1. 建立"五长"责任制

落实控辍保学"五长"责任，即县长对全县控辍保学负总责；乡（镇）长统筹乡（镇）相关单位，负责辖区内适龄儿童全部入学；村长依法组织本村适龄儿童入学；校长负责校内学生不辍学、不流失；家长负责履行监护职责，依法送子女入学就读。

2. 建立"三项制度"

一是及时入学制度，让学龄儿童按时就近入学；二是排查报告制度，发现学生辍学，学校及时报告当地乡（镇）政府、村社和县教体局；三是劝返复学制度，一旦发现有辍学、流失的学生，由乡（镇）组织村（社区）干部和学校教师劝返学生入学，不让任何一名学生辍学。

3. 建立重点关爱制度

关爱建档立卡贫困儿童，建立"一对一或多对一"的帮扶机制，确保每一位贫困学生至少有一位帮扶联系人，全面落实贫困儿童关爱、资助工作；关爱留守儿童，通过在各校建立"想家·爱心小屋"亲情聊天室、乡村少年宫，举办夏令营、成长营，开展"党员爸爸、党员妈妈"结对等活动丰富课余生活，确保全县 3665 名留守儿童健康成长。关爱残疾儿童，通过与残疾儿童结对帮扶、送教上门、亲情走访等活动，实现对全县义务教育阶段残疾儿童有效关爱，让其学习有教、生活有助。同时对易辍学学生实施动态监控。

（二）办好每一所学校，确保中心校达标率 100%

2014 年以来，北川县通过"一改二配一提升"进一步改善办学条件、优化师资队伍、提升办学内涵。

1. 改造提升义务教育学校

通过整合各级各类资金改造提升 35 所义务教育阶段学校，目前全县学校布局合理、安全美丽，生均教学及辅助用房面积均达到省定标准。

2. 配齐各类设施

北川县统筹各级各类资金 1.92 亿元，配置学校教学设备。中、小学校教学仪器配备率达到 93% 以上；生均图书册数及每百名学生计算机台数全部达标。生均图书册数小学达 20.60 册，初中达 40.83 册；每百名学生拥有计算机台数小学达 10.80 台，初中达 13.87 台；教学仪器配备率小学和初中均达到 93% 以上；教育城域网带宽速度达到 50～100 兆，覆盖率达到 100%；配置多媒体设备 540 余套，全面实现"班班通"目标，实现网络课堂教学。

3. 配备了精良的师资

通过"招、调、培"措施建设师资队伍。2014 年以来，为充实教师队伍，共招、调正式教师 158 人，招聘特岗教师 54 人，全县教职工总数达 1799 人，中小学校师生比、空编率、学历全部达标。此外，北川县还开展线上、线下业务培训等，促进校长、教师提升专业素养，提升教育教学质量。

4. 不断提升校园文化建设

全县各校结合自身实际，加强校园文化建设，开发特色课程，提升办学内涵，形成了"一校一品牌、一校一特色"。例如，永昌小学围绕"乐文化建设"开发了"乐致课程"，幸福小学开发了国学课程，民族中学开发了羌文化课程，马槽小学开发了红色文化课程，等等，办学特色彰显，办学内涵丰富。

（三）落实好每一项资助政策，确保贫困学生资助率 100％

从 2014 年至今，北川县共计投入 35283 万元（其中义务教育阶段投入 28115 万元），通过构建"三张网"，全面落实各项教育资助政策，建立覆盖学前教育、义务教育、高中阶段教育和高等教育贫困家庭学生资助体系，确保无一个学生因贫失学和无一个家庭因学致贫。

1. 构建普惠政策网，顶格资助应享尽享

北川县全面落实了义务教育"三免一补"、民族地区 15 年免费教育、农村义务教育免费午餐等政策。2014～2018 年，全县投入 5643 万元，按照小学生每人每年 1000 元、初中生每人每年 1250 元，为 53937 人次家庭经济困难寄宿生提供生活补助；免除 31544 人次幼儿保教费 3737 余万元；投入 6690 万元，全面免除义务教育阶段学生 82125 人次学杂和作业本费用。免除 21871 人次普通高中、中职学生学费 2611 万元，免除 10655 人次普通高中学生教科书费 639 万元。2014 年至 2018 年 5 月，北川县共投入营养改善资金 7339 万元，对农村 65974 人次义务教育学生，按照每生每天 6 元的标准实施了免费午餐，对县城 16151 人次义务教育学生，按照每生每天 4 元的标准实施了营养改善计划。

2. 构建教育救助网，求学路上不落一人

北川县筹集 950 万元教育扶贫救助基金，对已享受普惠性政策资助后仍特别贫困的学生实施资助，目前共资助 5318 人次。同时，北川县还全面落实了建档立卡中职学生生活补助、大学生学费及生活补助，发放补助资金 181 万元，资助 864 人次。

3. 构建社会资助网，再添举措补充支持

北川县广泛争取公益组织、爱心企业、爱心人士等捐资、捐物 410 余万元，资助贫困学生 4988 人次。

三　"三创新"打造教育扶贫特色

（一）创建教育救助基金

北川县率先设立教育救助专项基金。2016 年筹集资金 300 万元，其中省级下达 50 万元，县级财政配套 250 万元；2017 年筹集资金 300 万元，其中市级资金 50 万元，县级财政配套资金 250 万元；2018 年县级财政出资 350 万元。累计发放基金 659.85 万元，基金使用率 69.45%。救助学生涵盖从学前教育到大学本专科各学段学生，解决了建档立卡贫困家庭子女上学难的问题。

（二）创新宣传教育方式

北川县按照"一个学生影响一个家庭，一个家庭影响一个院子，一个院子影响一个社会"的总体思路，创新开展"小手拉大手"活动。学校通过多种形式给学生树立正确的"扶贫"价值观，将学生培养成知晓政策的"明白人"，还培养其爱清洁、讲卫生、保护环境、积极从事社会公益活动等好习惯，并通过学生去引导和带动家长、家庭乃至全社会，让更多的人养成好习惯、形成好风气，确保每一位学生家长知晓教育扶贫政策，大大提高了社会知晓率，有效提高了教育扶贫工作的满意度。

（三）创新开展教育改革

北川县构建"名校＋弱校"发展共同体，带动全县学校共同发展；与绵阳 10 所名校结对，实施合作办学，共享绵阳名校优质资源；开展"新教育实验""未来教育家"培养工程，联合清华大学实施"心种子"心理健康教师培训计划，全面践行"让学生过一种幸福完整的教育生活"。狠抓课程改革，文考硬上线人数持续增长，硬上线率达到 70% 左右，其中一本上线率达到 25% 左右，高考录取率达到 95% 。

教育扶贫没有终点，北川将牢记使命，不忘初心，砥砺前行，继续创新思路，多想办法，多做实事，在脱贫路上绝不落下一个孩子，让所有学龄孩子都能过上幸福的教育生活。

图书在版编目（CIP）数据

中国教育发展与减贫研究. 2018 年. 第 2 期 / 李兴洲，

白晓，王小林主编. -- 北京：社会科学文献出版社，

2019.2

ISBN 978 - 7 - 5201 - 4287 - 8

Ⅰ.①中⋯ Ⅱ.①李⋯ ②白⋯ ③王⋯ Ⅲ.①教育事

业 - 关系 - 扶贫 - 研究 - 中国 Ⅳ.①G52 ②F126

中国版本图书馆 CIP 数据核字（2019）第 028260 号

中国教育发展与减贫研究 2018 年第 2 期（总第 2 期）

主　　编 / 李兴洲　白　晓　王小林

出 版 人 / 谢寿光
责任编辑 / 高振华
文稿编辑 / 高　启

出　　版 / 社会科学文献出版社·城市和绿色发展分社（010）59367143
　　　　　　地址：北京市北三环中路甲 29 号院华龙大厦　邮编：100029
　　　　　　网址：www.ssap.com.cn
发　　行 / 市场营销中心（010）59367081　59367083
印　　装 / 三河市龙林印务有限公司

规　　格 / 开　本：787mm × 1092mm　1/16
　　　　　　印　张：13.5　字　数：206 千字
版　　次 / 2019 年 2 月第 1 版　2019 年 2 月第 1 次印刷
书　　号 / ISBN 978 - 7 - 5201 - 4287 - 8
定　　价 / 58.00 元